10년 간의

하루출가

10년 간의

하루출가

정석희 지음

황소자리

불교는 심오하고 매력적인 종교다. 현대문명의 주류를 장악한 기독교 등 서양 종교에 비해 오랫동안 음지에서 숨을 죽이고 있는 조용한 종교이기도 하다. 이 땅에서 1,600여 년 동안 사람들의 삶 속에 뿌리내려 왔음에도 그러하다. 스스로 불교도라고 하는 사람도 드러내놓고 말하지 않는 경우가 많다. 그저 각자가 각양각색으로 불교를 받아들이고 신행信行하고 있을 뿐. 그것은 불교의 교리가 지닌 다양성과 경전의 난해함에서 비롯된 것이기도 하다.

종교가 꼭 있어야 하는 것인가, 반드시 좋기만 한 것인가하는 문제에는 의심의 여지가 있다. 지금 우리 사는 세상에는 여러 종교가 교세를 넓히려고 안달을 하고 적극적으로 사람들 속에 파고들기 위해 노력하고 있다. 교당도 많고 종교인도 많다. 그런데도 세상은 더 어지럽고 사람들은 고독하고 불안하다. 오히려 돈으로 대변되는 물신物神이 세상의 욕망과 가치를 통일하며 가장 강력한 신앙으로 부상했다. 종교는 배타적 파당으로 도처에서 부딪치고 있을 뿐, 더이상 인간의 공허와 절망을 달래주지 못한다. 다만 일시적인 최면에 걸리고 환각을 경험할 뿐이다. 사람들이 행복과 만족을 외부의 대상에서 찾기 때문이다. 자신을 아는 것이 세상을 아는 것이고 마땅히 절대자로서의 신神도 아는 것이다. 그런데도 사람들은 자기 자신을 깊이 들여다보는 대신 다른 사람들의 판단과 유행을 좇아다닌다. 스스로 어리석은 유랑집단의 일원이 되는 것이다. 그러고는 저마다 다 무언가를 안다고 자만한다. 모두가 똑똑하고 완고하다. 또한 외롭고 공허하다.

　사람들은 "다 그런 것, 다 그렇게들 한다."라고 쉽게 말한다. 그러나 '다' 라는 것은 보고 듣고 느끼는 감각의 제한을 받는다. 자신이 '다' 라고 느껴도 그것이 다른 사람에게 '다' 가 되지는 않는다. 그런데도 많은 사람들은 자신이 느끼는 '다' 를 '전체' 로 착각한다. 그래서 큰 '다' 는 작은 '다' 를 가르치려 하고, 강한 '다' 는 약한 '다' 를 지배하려 한다. 이 같은 세태에 염증을 느끼는 사람들이 비로소 자기를 찾고, 미망에서 깨어나고, 홀로 서고자 한다. 그것이 자각自覺이고 발심發心이다. 이러한 사람들을 위한 길잡이로서는 불도佛道만한 것이 없다고 생각한다. 주로 석가모니를 지칭하는 붓다Buddha라는 단어는 '언제나 매순간 깨어 있는 사람' 이라는 뜻이다.

　생각을 같이 하는 사람들이 서로를 알아보고 무리를 지었다. 같은 직장이라는 인연으로 만난 우리는 전국의 물 좋고 산 좋은 곳에 위치한 산사들을 찾아다니기 시작하면서, 이 여행을 '나를 찾아 떠나는 하루출가'라고 부르게 되었다. 길을 따라 여행을 하다보면 목적지에서 보내는 시간보다 버스 안에 갇혀 있는 시간이 갑절 이상 길었다. 그 시간의 무료함을 달래기 위해서 사람들이 나에게 이야기를 시켰다. 처음에는 서툴게 시작했지만, 시간이 지나면서 흔들리는 버스에서 이야기를 하는 것에도 익숙해지고 말도 다듬어졌다. 내가 느끼고 생각한 바를 솔직히 털어놓는 이야기들은 소박하기만 하였으나, 듣는 사람들은 그것을 '생활법문'이라 부르며 좋아해주었다. 작은 모임이라서 고승대덕이나 전문강사를 초대할 수 없는 궁핍이 불러온 우연이었다. 그러기를 100회를 넘기고 연인원 4,000여 명이 동행하게 되자 여기저기 입소문도 났다. 그간에 쏟아놓은 이야기들을 기록하여 책으로 만들어보라는 주문이 많았다. 다행히 이야기를 하기 전에 요점을 적어둔 쪽지들을 버리지 않았기에 기억을 더듬어서 글로 옮겨보기로 했다.

고백건대 나는 불교를 학문으로도 종교로도 제대로 배우지 못했다. 그 흔한 불교대학 문턱에도 못 가봤고, 정해놓고 다니는 사찰도 없었고, 알고 지내며 가르침을 받았던 스님도 없다. 하다못해 규칙적으로 기도하거나 참선하는 사람도 못 된다. 그냥 평범한 개인으로서 붓다의 깨달음에 대해 호기심이 많고 일상의 사건과 체험에 대해 생각하길 즐겨할 뿐이다. 나는 아주 어릴 때부터 '내가 느끼는 나'에 대해 고민했고, 지금도 '나는 무엇인가'를 깊이 생각하고 있다. 가끔 내가 있기 전의 나와 내가 없어지고 난 후의 나를 생각하다 보면, 온몸으로 오싹한 전율이 느껴지고 잠을 이루지 못하기도 했다. 세상 살아가는 누구나가 응당 가져봤을 질문이고, 고민이다. 다만, 누군가는 잠시 생각하고 깊이 돌아보지 않았을 생각들을 나는 좀더 오래 붙잡고 있었던 것 같다. 하지만 본격적으로 그 주제에 대해 탐색해보기에는 나날이 너무 바빴다. 은퇴 후에야 시간적 여유가 생겼고, 나는 사람들에게 조촐하게나마 내가 생각하는 것들을 정리하여 들려주고 그들과 교감할 귀한 기회를 얻었다.

이야기를 다시 정리하자고 마음은 먹었으나, 말로 한 번 해버린 것을 글로 옮겨 적는다는 것은 생각보다 어려운 작업이었다. 글을 쓰는 시점 역시 고요함이나 여유와는 거리가 멀었다. 출가한 두 딸 모두 바깥일이 바쁜 바람에 주중에는 돌쟁이 외손자 두 녀석을 아내와 함께 돌보고 있었다. 그런 와중에 짬을 내어 석 달 동안 초고를 썼다. 컴퓨터가 편하지 않아 400자 원고지에 연필로 적었는데, 초고를 완성하고 막내딸에게 교정 겸 입력을 부탁했더니 대수술을 권했다. 다소 어렵고 딱딱하니까 남들에게 읽히려면 좀더 쉽고 재미있게 써보라는 것이었다. 어차피 나만 알자고 시작한 글쓰기가 아니었으니, 권하는 대로 대폭 수정을 해보기로 했다. 그래서 초고의 3분의 1을 아예 들어냈고, 남은 부분도 완전히 새로 쓰다시피 했다. 몇 달이 더 걸렸다.

이 책의 산파는 한일선우회 사람들이다. 그들은 언제나 쉬운 듯 어려운 질문들을 내게 해댔었고, 나의 대답을 경청하고 또 성원해주었다. 들어주는 사람들이 없는 말이란 상념이나 독백에 지나지 않을 것이었으나, 그들로 인하여 비로소 나의 이야기는 삶 속에 뿌리를 내리고 살아나게 되었다. 그러므로 누구보다도 선우회 여러분들에게 마음으로부터 깊은 감사를 전한다. 그리고 황소자리 지평님 사장께도 감사를 드린다. 그분의 관심과 격려 그리고 이끌어줌이 없었다면 아마도 이 글은 우리 모임의 회보會報 수준에 머물렀을 것이다.

이 책이 어쩔 수 없는 부족함에도 불구하고 불교를 사랑하고 인생을 자유롭게, 의미 있게 살고자 하는 아마추어들의 성장기쯤으로 읽혀졌으면 하고 바란다. 그리고 전문가 아닌 범인과 속인들이 불교를 조금 더 쉽고 가깝게 생각하는 계기가 되었으면 한다. 세월이 좀더 흐른 다음, 한 달에 한 번 '나를 찾아 떠나는 하루출가' 가 200회를 맞았을 때 다시 책을 낼 수 있게 된다면 좋겠다. 그때는 보다 성숙하고 알찬 내용이 되도록 준비하겠다.

마지막으로 이 책을 계기로 불교계의 많은 선지식들이 우리의 자생적 재가불자 모임에 따뜻한 가르침을 베풀어주는 행운의 연이 닿기를 기대해본다.

2009년 3월
덕암 정석희

차례

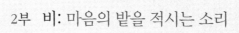

2부 비: 마음의 밭을 적시는 소리

3부   강: 바다로 가는 여정

1부

구름: 생각을 일으키는 그림자

홀로 가십시오

아무도 더 오지 않았다.

오전 9시에 만나기로 했는데 벌써 10시다. 시간 하나는 칼같이 지키던 사람들인데 어찌된 일인가 싶었다. 휴대전화 가진 사람도 드물던 때다. 어떻게 된 일이냐고 물어볼 수도 없었다. 하는 수 없이 혼자 양재동쪽 옛골에서 청계산을 오르기 시작했다.

1998년 7월, 다니던 은행을 명예퇴직한 지 반년이 채 되지 않았을 때다. 함께 퇴직한 입사 동기 9명은 갑자기 단절된 직장생활의 관성을 떨치지 못했다. 서로 의지하며 외로움을 삭이고 싶어서 매주 목요일 청계산을 같이 오르기로 했다. 출발시간과 장소도 아예 정해두었다. 그날은 나 말고는 산을 오르려는 사람이 없었던 것이다.

예전에도 서울 근교의 산들을 혼자 다닌 적은 많았다. 처음에는 쓸쓸하고 가끔 두렵기까지 했지만, 홀로 산을 걷다보면 생각이 깊어지고 돌과 나무와 풀들이 더 다정하게 느껴진다. 쉬고 먹고 코스를 선택하는 데 남의 의중을 헤아리지 않아도 된다는 홀가분한 자유는 소중한 덤이다. 마음만 먹으면 동행할 친구를 얼마든지 만날 수도 있다. 산의 사람들은 목욕탕에서보다 더 평등하고, 관객보다 더 순하고, 오랜 친구보다 더 친절하다. 홀로 가는 사람은 틀림없이 그 산의 마니아다. 그들과 길동무를 여러 번 해본 덕분에 숨겨진 길과 좋은 쉼터를 많이 알아내기도 했다. 팔팔하게 젊었을 때의 이야기다.

　그날 나는 은행을 그만둔 뒤 처음으로, 그것도 뜻하지 않게 혼자 걸어야 했다. 내 나이 쉰여섯. 누구에게 말을 걸고 싶지도 않았다. 아직도 가슴을 짓누르는 울분과 허무를 어금니 사이로 토해내면서 쉬지 않고 묵묵히 걸었다. 땀이 살갗을 비집고 나와 땅으로 곤두박질친다. 내 것이 쏟아져서 산과 섞인다. 거친 심장 고동을 감내하며 풀무질해대는 허파와 후들거리지 않는 두 다리가 새삼 고마웠다. 매봉바위에 걸터앉아 과천 쪽을 바라보면서 아내가 싸준 김밥을 먹었다.

　혼자 바람을 맞고 있으려니 평소에 못 보던 것들이 더 많이, 더 멀리 눈에 들어왔다. 여럿일 때는 귀로 사람과 세상을 살피는데, 그 귀를 닫으니 눈을 제대로 쓸 수 있었다. 시선의 좌측으로 길게 뻗은 산의 등줄기를 쭉 따라 내려가다가, 그 사타구니 어디쯤에 청계사가 있다는 생각을 해냈다. 순간 모든 신경이 그쪽으로 가서 꽂히고, 나는 누가 부르기라도 하는 양 내달았다.

청계사에는 석지명釋之鳴이라는 스님이 주지로 계셨다. 그분은 당시 한 일간지에 매주 칼럼을 썼다. 불교적으로 바라보는 세상 이야기를 쉽고 재미있게 풀어내 읽는 사람에게 사색의 기회와 여운을 주는 글이었다. 절에 당도하여 법당에 참배하고 때마침 옆을 스치던 회색 바지를 입은 중년 여인에게 주지 스님이 어디에 계시냐고 물었다. 여인은 머뭇거리지도, 사연을 묻지도 않았다. 마치 기다리듯 "절 따라오세요." 하고는 앞장서더니 주지실 문을 노크하고 찾아온 손님이 있다는 전갈까지 해주었다.

스님은 응접실 같은 곳에 혼자 앉아 있었다. 중요한 일을 잘 끝내고 나서 느긋하게 휴식을 취하는 듯했다. 그는 흠뻑 땀에 전 등산복 차림의 나를 보고 소파에 자리를 권했다. 오래 전부터 알고 지낸 친구를 맞이하는 듯했다. 글을 쓰는 학승이라며 나 혼자 머릿속에 그려왔던 선입견과 달리 그는 체구가 당당한 장골壯骨이었다.

몇 달 전에 회사를 나온 IMF 퇴직자라고 나를 소개한 뒤, 스님의 칼럼을 잘 읽고 있다고 말했다. 스님은 "제 글이 거사님과 공감되는 면이 있었던 모양이지요?" 하고는 서랍에서 책 한 권을 꺼내어 안쪽 표지에 만년필로 '無'라고 쓴 뒤 내 이름 석 자를 물어서 적고 서명을 해 건네주었다. 자신이 쓴 《깨침의 말씀 깨침의 마음》이라는 책이었다. 그는 손수 차를 따라 권하면서 말했다.

"실망하거나 좌절하지 마십시오. 무엇을 원망하지도 마십시오. 나쁘기만 하거나 좋기만 한 일은 절대로 없습니다. 거사님은 이제 조직이라는 족쇄에서 벗어났습니다. 그것은 해고인 동시에 해방입니다. 이제는 자신이 진짜 해보고 싶은 일을 할 수 있을 겁니다. 아직 건강하고 너무 늙기 전에 얻은 자유는 복입니다. 사람들은 대개 너무 늦었을 때 회한을 하지요. 남들이 어떻게 하나 기웃거리지 말고 온전한 자신의 마음에 관심을 집중해보세요. 그리고 홀로 가십시오. 홀로가 아니면 안 되는 일이 있습니다."

스님은 잠시 말을 멈추고 나를 바라보았다. 나도 그의 눈을 바라보았다.

"인간의 빛나는 업적은 고독한 자들이 만들어낸 성과입니다. 스스로에게 용기를 주고 희망을 주십시오. 밖에서 그것을 찾는 것은 부질없는 방황입니다."

나는 스님에게 합장한 뒤 물러나왔다.

그후 석지명 스님은 법주사 주지로 갔다가, 2004년 '바라밀다호'라고 이름붙인 요트를 타고 미국 샌디에이고부터 부산항까지 64일 간 태평양을 횡단했다고 한다. 그는 더욱 철저하게 홀로이고 싶었나보다. 《화엄경》을 특히 좋아한다는 스님은 《화엄경》에 자주 나오는 '바다'를 비로자나불의 넓은 가슴으로 생각한다면서 자신이 마음 놓고 의지하며 뛰어놀 수 있는 곳이 거기라고 저서에서 말했다. 스님은 나에게 《화엄경》을 설한 것이다. 나는 그때 받은 책을 참고서처럼 곁에 놔두고 손때가 묻도록 읽었다.

어느 유명한 선승이 말하기를, '홀로'라는 말은 어디에도 물들지 않은 채 순수하고 자유롭게, 부분이 아닌 전체로서 당당히 있는 것을 의미한다고 했다. 나는 홀로 된 덕택에 '홀로 가라'는 좌우명 하나를 얻었다.

정하지 않는 것으로 정하다

'돈'이 빌미가 되어 야기된 국가적 재난이 IMF 외환 위기였기에, 돈 장사 하던 은행들은 만신창이가 됐다. 합병되고 팔리고 문을 닫았다. 은행에 다니던 사람들은 비명도 지르지 못하고 무더기로 싹둑싹둑 잘려나갔다. 나이, 근무 평점, 업적 등이 성취를 위한 격려가 아니라 칼바람의 기준이 되었다.

평생직장. 그것은 공동의 합의였고, 개인의 능력을 야박하게 따지지 않았다. 그래서 사람이 대접을 받았다. 언제나 일손이 달렸기 때문이다. 주판으로 셈하고 먹지를 끼워서 볼펜으로 기록하고 구석구석 도장을 찍는 일은 사람을 녹초로 만들었지만, 그 일은 식구를 먹여살렸다. 그러다 컴퓨터가 나오고 통신망이 발달하자 사람이 남아돌기 시작했다. 사람을 걷어내야 조직이 산다는 생소한 구호 앞에 의미 없는 목숨들이 바들바들 떨었다.

1998년 초, 내가 다니던 은행에서도 전체의 15퍼센트에 해당하는 사람들이 칼질을 당했다. 숫자는 1,000명을 훌쩍 넘었다. 나도 그중 하나였다. 이듬해 큰 은행들끼리 합쳐서 간판을 바꿔달자, 이번엔 좀 더 젊은 사람들이 대상이 됐다. 비용절감, 인력감축은 혁신이라는 단어로 포장되었다. 종이 주인이 되는 것은 혁명이다. 그러나 누가 주인이어야 하는가라는 근원적인 물음에는 아무도 답하지 않았다. 전진만을 내세우는 깃발은 맹목의 상징이다. 거대한 자본주의 흐름 앞에 방치된 함정이었다.

역사는 언제나 살아남은 자들의 기록이다. 사라져간 사람은 아무도 기억해주지 않는다. 그러나 살아 있음으로 해서 그들의 역사는 따로 진행된다. 양계장의 닭들이 닭장차에 실려가는 친구를 의식하지 않고 열심히 모이를 쪼아대듯, 산 것들은 또 한 번 안도의 큰 숨을 몰아쉰다. 다른 인간의 불행은 나에게 기회이고 행복이라는 역설적 현실에 사람은 동물적으로 적응한다. 그러나 모든 존재의 실체는 종말을 향한 잠깐의 유예일 뿐이다.

떨어져 나온 사람들은 자유에 익숙하지 못하다. 말을 배우면서부터 조직에 길들여지고 갖가지 규제로 규격화된 틀에 갇혀 살아왔기 때문이다. 오랫동안 목줄에 묶어 기른 개는 목줄을 끊어주어도 멀리 나가지 못한다. 그래서인지 사람들은 끼리끼리 모였다. 불안한 바깥세상에 대한 탐색과 편안했던 과거에 대한 회상, 한 울타리에서 쌓아온 정분 때문이다. 혈연, 지연, 학연, 입사 시기 등 여러 가지 인연으로 퇴직자 모임이 생겨나기 시작했다. 정기적으로 만나서 밥 먹고 소주잔도 기울였다. 누구는 연줄이 좋아 재취업을 한다, 귀농을 한다, 아니면 평생 처음 실컷 놀아볼까 한다는 말들이 오가는 자리였다. 조직의 관성으로 시작되었지만, 의미 있는 일을 찾아 모두가 헌신하지 않으면 모임은 흐지부지 되기 일쑤였다.

그중 평소 불교에 관심이 있던 사람들이 몇 명 모였다. 직장생활을 하면서 제대로 된 불교 공부는커녕 절에 잘 가지도 못하던 아쉬움 때문이었다. 2차 퇴출자군에 속했던 한우진 씨가 앞장을 서서 궂은 일을 도맡았다.

1999년 11월 27일, 강남포교원의 성열 스님이 장소를 내주어서 17명이 처음 모였다. 매월 한 번씩 함께 국내 유명 사찰 순례를 하자는 제의에 아무도 토를 달지 않았다. 모임 이름은 옛 직장 이름을 따서 '한일선우회韓一善友會'로 하자고 이성기 씨가 제안했다. 총무는 한우진 씨가 맡았다. 회장은 제일 선배인 모씨에게 부탁했으나 극구 사양하는지라 그 다음인 내가 지목되었고, 모두들 힘껏 박수를 쳐줬다. '입 다물고 그냥 당신이 하라'고 박수를 치는데 꼼짝할 수 없었다.

다음으로 임원, 임기, 회원 자격, 지도법사 선정, 회비, 결산, 징계, 애경사 관리 등등을 논의해야 했는데 초안이 미리 준비되어 있었다. 어떤 모임에서든 이런 것들은 필요하다. 생각과 형편이 서로 다른 사람들끼리 한 울타리에 들어서서 지내다보면 이견과 갈등이 있게 마련이므로 미리 규칙을 명문화해두면 편하다. 하지만 한편으로 우리는 모든 것을 못박아두는 성문법에 지나치게 길들여진 것 아닌가 생각되기도 한다. 학교, 군대, 직장을 거치면서 너무 오랫동안 규칙에 얽매여 살아오지 않았는가. 또 다른 규칙을 만들어야 하나 싶기도 했다.

실직은 조직에서의 이탈만을 뜻하는 것이 아니다. 해방이고 자유다. 관행에 따르는 것이 아니라 미지의 황무지에서 새 길을 여는 것이 자유인의 특권이다. 내가 회장 자격으로 일어나 말했다.

"우리 너무 세세한 것 정하지 않으면 어때요? 발길 닿는 곳에 길을 내고 상황과 형편 따라 뜻을 모으면 되지 않을까요? 야생마가 갈기를 날리며 뛰는 모습이 얼마나 후련합니까. 모든 결정은 선택인데, 선택은 나머지 모두를 포기하는 것을 의미합니다. 정하기 때문에 더 많은 것을 잃어야 하는 경우를 자주 보지 않았습니까? 어색하게 들릴지 몰라도 정하지 않기로 결정하는 것도 분명히 멋진 선택일 것입니다."

언제나 침착한 신사인 김동후 씨가 반색을 하며 거들었다.

"정하지 않는 것으로 정한다고요? 그거 참 멋지고 신선한 발상입니다. 저는 이 순간 불교에 대한 무지를 깨는 데 커다란 자극을 받았습니다. 제안 자체가 훌륭한 법문입니다."

이색적인 뜻밖의 말이 논쟁을 차단하는 처방이 될 때가 있다. 우리들은 고개를 끄덕여 합의했고, 그후 지금까지 물이 스스로 길을 내고 바람이 쏘다니듯, 일체의 차별이나 의무 없이 활기차게 모임을 꾸려오고 있다. 벌써 10년째다. 2008년 5월에는 하루출가 100회를 돌파하고 연인원 4,000여 명이 동참하게 되었다.

유리 항아리를 안고 산으로 가다

첫 모임을 가진 지 10개월이 지났다. 계획대로 매달 빠짐없이 전국의 절을 찾아다녔다. 상원사 적멸보궁을 시작으로 강화 보문사, 서산 개심사, 영주 부석사, 청도 운문사, 동해 락가사, 홍천 수타사, 이천 영월암, 구미 도리사, 봉화 청량사를 거쳤다.

그러고 나서 2000년 11월 26일, 우리는 마곡사로 갔다. 오래된 절은 그 존재만으로도 종교가 된다. 오래된 절이 다 그렇지만, 그중에서도 공주의 마곡사는 유독 느낌이 좋은 절이었다. 충청도에서는 '봄 마곡, 가을 갑사'라고 할 정도로 봄의 경치가 빼어난 곳인데, 초겨울 여정을 그리로 잡은 것이다.

쌀쌀한 바람에 옷깃을 여미며 마곡사행을 결정한 데는 그만한 이유가 있었다. 이번 여행에는 특별한 손님 10여 명이 처음으로 동행하기 때문이었다. 해가 짧은 계절에 너무 먼 거리를 가지 않고 손님들에게

'일일출가一日出家'의 맛을 제대로 전할 수 있는 곳으로는 마곡사가 더없이 좋을 거라 생각했다. 많은 사람들이 경치를 말할 때 무성한 잎이나 꽃이 있는 시절을 꼽지만, 사실 산사의 경치는 나뭇가지가 앙상할 때 더 품격이 드러난다. 싸늘한 하늘에 고목 가지들이 그려내는 선과 그 틈새로 보이는 산의 능선, 바위 그리고 팔작지붕이 이뤄내는 조화가 제대로 보이기 때문이다. 또한 뜸해진 인적과 낙엽을 밟는 맛, 고음의 바람소리는 속세와 다른 비경을 제대로 알게 한다.

처음으로 동행하는 손님들은 직장에서 세 번째로 잘려 나온 사람들이었다. 50대에 잘린 우리와 달리, 이들은 40대였다. 아직 조직의 허리로서 왕성하게 활동하고 있어야 할, 할 일이 많은 인재들이다. 자녀가 유치원이나 초등학교에 다니는 어깨 무거운 가장이기도 하다. 그들도 그간 두 차례의 감원을 피해나가면서 안도했겠지만, 그 안도는 잠시의 유예로부터 비롯된 것이었다. 이제 아무도 그들을 보듬거나 위로해줄 수 없었다.

그들과의 동행은 유리 항아리를 지고 산길을 걷는 기분이었다. 내가 늘상 하던 절에 대한 소개며 남의 말을 빌린 몇 마디 이야기는 그들에게 공허한 바람소리 같았을 것이다. 그들 역시 전날의 우리들처럼, 여러 날을 사람도 만나지 않고 전화도 밀쳐둔 채 울분을 삭였을 것이다. 그리고 조금 먼저 나락으로 떨어진 우리를 탐색하면서 더 살아야할 까닭을 읽고 싶었을 것이다. 깊은 병이나 심각한 절망에는 위로가 오히려 가혹한 조롱이 될 수도 있다. 반대로 침묵도 야속하다. 그러니 아무리 동병상련이라지만 모든 것이 조심스러울 수밖에 없었다.

무리를 지어 말없이 나무들 사이와 시냇물 곁을 걸었다. 1,360년 세월의 무게가 절집에 침묵으로 가라앉아 있었다. 대웅보전에 참배하고 뒤편의 대광보전에 들어 비로자나불 앞에서 정기법회를 진행한 뒤 종무소에 연락하니 법문해줄 스님이 없다고 했다. 절마다 재가 불자들을 맞는 태도가 각양이기는 하지만, 이런 경우는 드물다. 이럴 때 나는 말한다. 흔한 것을 팔려면 포장을 좋게 하고 광고도 해야 한다. 반면에 값진 보물을 갖고 있으면 숨어도 찾아오는 사람이 있다. 모든 존재 그 자체와 일어나는 현상이 다 무상 법문이다.

"스님이 계시지 않으면 회장이 법문을 해주시죠."

한우진 총무가 대뜸 제안했다. 명색이 회장인데 머슴 다루듯 한다. 하는 수 없다. 이미 마이크는 내 손에 쥐어졌다. 이 유리 항아리들을 어떡하나, 잠시 망설였다. 법당에서 부처님을 등지고 스님 대신 설법을 하는 것은 처음이었다. 이상하리만큼 차분해지고 머리가 맑아졌다. 내 몸이 훌쩍 커버린 것 같은 착각이 일었다. 사명감 때문일까. 등 뒤가 오싹하고 입과 혀에는 긴장이 맴돌았다.

"이번에 처음 동참한 법우 여러분, 상심이 크시지요. 일에 짓눌려서 몸이 파김치가 되던 그때가 그립지요. 살아갈 앞날이 암담할 것입니다. 우리는 분명 낯선 광야에 외롭게 버려졌습니다. 불행입니다. 그간 세금을 꼬박꼬박 거두어가던 국가도, 전지전능하다는 신도 우리를 제자리로 돌려놓지 못하고 상처를 치유하지 못합니다. 인간은 궁극적으로 혼자입니다. 자기 자신과 긴밀하게 대화해야 합니다. 밖으로 향하는 원망은 부질없는 것이고 용기니 희망이니 하는 수사는 허구입니다. 우리가 맞닥뜨린 현실은 우리의 잘못이 아닙니다. 우리의 능력, 업보, 팔자와는 무관한 것입니다. 그것은 전쟁이나 천재지변 같은 무차별적 재난입니다. 인과의 큰 흐름은 작은 인과를 홍수처럼 삼켜버립니다. 모든 현실은 완성이면서 시작입니다. 각자 자신에게 엄격해야 합니다."

유리 항아리들은 가만히 내 말을 듣고 있었다.

"경험에서 앞선 저는 세 가지를 말할 수 있습니다. 첫째는 좀더 가난해질 각오를 해야 한다는 겁니다. 욕심을 걷어내고 보면 아직도 우리는 넉넉하다는 것을 알게 되고, 새로 시작하려면 비우는 법을 배워야 하기 때문입니다. 둘째로 어려울 때일수록 덕을 베풀기를 멈추지 말아야 합니다. 그것은 더 살아야 할 가치를 붙드는 것이고 농부가 씨앗을 뿌리는 행위입니다. 아직도 여생이 깁니다. 셋째로 스스로 새로워져야 합니다. 좋았던 과거는 되풀이되지 않습니다. 우리가 원하는 희망은 관심의 뒤쪽에 숨어 있습니다. 무지, 불필요, 불가능으로 낙인 찍어 지난날 우리가 무시했던 그곳에 가능성과 길이 있다는 말씀입니다. 이곳 청정법신의 품 안에서 무거운 짐들을 내려놓고 우리 삶의 시작과 끝을 관조하면서 잠시 해를 가린 구름의 흐름을 바라봅시다."

나는 말을 멈추었다. 여러 사람들이 이미 두 손으로 얼굴을 감싸거나 머리를 숙인 채 흐느끼고 있었다. 옆 사람이 울자, 각자의 마음속에 있던 무엇이 탁, 끊어지는 모양이었다. 울음은 바다가 되어 법당의 고요마저 적시고 있었다. 김광호 씨 부부, 이종현 씨 부부, 신대균 씨, 신수현 씨 부인, 이동희 씨 모두가 합장한 채 흐르는 눈물을 닦지 않았다. 나도 목구멍으로 뜨거운 것을 삼키면서 잠시 등을 돌렸다.

나는 그때부터 내 말에 사명감을 실었다. 다른 사람의 마음에 파문을 일으킬 수 있는 의미 있는 단어를 찾기 시작했다.

모자라서 넉넉하다

우리 모임은 매번 1인당 2만 원씩 당일 회비를 걷는다. 전세버스가 명동 입구 옛 한일은행 본점 앞에서 출발해 잠실 롯데월드를 거쳐 서울을 빠져나가면 부총무 중 한 분이 그 일을 맡는다. 그때 미리 준비한 간식용 떡과 작은 생수병 하나씩을 나눠준다. 나도 아내 몫까지 4만 원을 낸다. 대개 40명 정도가 동행하니 수입은 80만 원 내외다.

하루 여행에 지출되는 비용은 버스 이용료, 점심값과 간식값, 고속도로 요금, 주차요금, 사찰 입장료, 여행자 보험료, 스님 법문 사례비, 공양주 보살 수고비, 절마다 벌이는 불사 동참금, 기도비, 연등값 등에 쓰인다. 초기에는 40명 정도 모이면 거의 손익분기점에 도달했는데, 9년째인 현재는 버스이용비만 장거리의 경우 40만 원이던 것이 60만 원을 주고도 미안한 처지다. 식사대가 20만 원선이니, 이 두 항목만으로도 수입은 소진된다. 아직 이런 계산을 공표해본 적은 없다.

누가 셈하든 적자라는 것은 모두가 다 안다.

우리는 당일 회비 외에 가구당 5만 원씩의 연회비를 따로 받고 있다. 이것이 매번의 적자를 메우는 저수지다. 그러나 그 돈으로 회원의 애경사에도 쓰고 회갑 맞는 분의 기념품도 사고 특별한 보시나 이웃 돕기도 한다. 그 저수지도 점점 고갈되고 있다.

여러 사람들이 자주 말한다. 총무가 떠맡는 우편비며 통신비도 감안해야 하고 회장의 법문에 사례도 하자고. 그러므로 회비를 올려야 한다고. 여기에 나는 고집스럽게 한 가지 말로 대응한다.

"그대로 합시다."

돈을 만지지 않는 입장이기에 다소 무책임한 고집인지도 모르겠다. 이런 쓰임새와 적자의 불편을 헤아리지 못해서가 아니다. 그저 돈을 쌓지 않았으면 하는 마음 때문이다. 돈이 남으면 셈을 하게 되고 잡념이 끼어들고 갈등이 일어난다. 궁핍은 자생력을 키워준다. 돈의 절묘한 생리다. 우리는 돈을 셈하는 직장에서 오랫동안 일했고 돈이 곧 능력인 세상을 살아왔기 때문에 돈이 부리는 심술도 잘 알고 있다.

항상 적자가 날 수밖에 없는 당연한 현실을 이해하기 때문에 참석을 못하고도 회비를 보내는 사람이 있다. 그리고 거의 매번 한두 사람이 특별 보시금을 낸다. 어떤 이는 떡과 물을 개인 부담으로 자청하기도 하고, 때로는 점심 식대를 단독으로 내겠다고 나서기도 한다. 별 예고 없이 음료와 과일, 간식, 사탕 등을 가져와서 나누어주기도 한다.

그러다보니 여러 해를 지내면서 셈을 해보면 신기하게도 저축한 통장의 잔고는 결코 줄지 않고, 매번 먹을 것 마실 것이 넘친다. 방문하는 절에서나 길에서나, 운전기사에게도 야박하지 않게 생색까지 내면서 모임이 운영된다.

또 하나, 우리는 개별로 특별 성금을 내더라도 10만 원 이상의 큰돈은 가급적 사양한다. 금전적 기여가 소수에게 편중되면 또 다른 차별이 싹튼다. 모두가 공평한 대접을 받고, 동등하고 의미 있는 참여자이게 하는 것이 더 없이 큰 보시다.

돈도 직위나 권한, 명예와 마찬가지로 놓아버려야 더 귀해지는 법이다. 우리는 이 말을 매우 실속 있게 증명하고 있다.

임종을 위로하는 방법

2001년 6월 24일, 울진 불영사를 다녀오는 길이었다. 늦봄의 정취에 취하고 나른한 졸음에 깜빡 잠이 들었다가 차창 밖을 보니 서울로 향하는 영동고속도로는 여주 근처에서 꽉 막혀 있었다. 달리지 않는 자동차는 금세 짜증을 불러온다.

대개 관광버스에서는 이럴 때 차내 비디오 영화를 보거나, 노래 부르고 춤추고 마시며 신나게 논다. 버스에는 성능 좋은 마이크와 노래 반주기가 갖추어져 있다. 우리들의 여행에선 이것만은 사절이다. '나를 찾아 떠나는 하루출가'라는 행사에 유흥의 말초적 흥분이 끼어들면 겨우 찌꺼기를 가라앉힌 물독을 휘젓는 격이 아닌가.

거의 움직이지 않는 차 안에서 한 총무가 마이크를 잡더니 "참는 것도 공부입니다. 오늘 중으로 서울엔 갑니다." 하고 너스레를 떨고는, "평소에 물어보고 싶었던 것이 있으면 질문해주세요. 답변은 회장이 하십니다."라고 했다. 또 차내에 웃음이 터졌다. 이 사람이 꼭 이런 식이다. 쪽지시험 보듯 기습적으로 나를 궁지로 몰아넣곤 한다.

일행에게 마이크를 돌리자 "색즉시공이란 무엇인가" "불상은 어떻게 구별하나" "소승(불교)과 대승의 차이가 무엇인가" "절의 일주문은 무엇을 상징하나" 등의 질문이 나왔다. 이럴 때 나는 대답의 책임을 한 총무에게 슬쩍 되돌려버리기도 한다. 그는 '재가승'이라고 불릴 정도로 불교에 대한 이해가 깊고 설명도 잘하기 때문이다.

한참의 응답시간이 지나고 더 질문할 분을 찾으니, 지금까지 두어 번 참석한 한 여성분이 조심스럽게 마이크를 잡고는 떨리는 목소리로 말을 잇기 시작했다.

"저는 요즘 시아버님 병 수발을 하고 있습니다. 오늘은 남편이 대신 자리를 지킬 테니 저더러 바람이나 쐬고 오라고 하더군요. 지금도 마음은 병실에 있습니다. 아무래도 수일 안으로 임종을 맞아야 할 것 같은데 아버님이 너무 불안해하십니다. 육신이 아니라 마음이 더 큰 병을 얻은 겁니다. 제가 아버님 곁에서 할 수 있는 일이란 사실 별로 없습니다. 의사도 할 일 다 했다는 태도입니다. 이럴 때 죽음을 받아들이지 못해서 안절부절못하시는 아버님께 아무 도움도 될 수 없다는 사실이 너무 괴롭습니다. 오늘 저는 이 절박한 문제에 대한 답을 찾을까 하고 기대했습니다. 아직 답답하기만 합니다. 죽음 앞에 고통스러워하는 아버님께 위로가 되는 말이 없을까요?"

나른했던 차내는 찬물을 끼얹은 듯했다. 한 총무가 그녀에게서 마이크를 건네받아 나에게 내밀었다.

　나는 잠시 생각을 가다듬었다. 고사 하나가 떠올랐다.

　나룻배를 빌려 타고 강을 건너던 선비가 뱃사공을 보고 조롱하기를 "너는 사서삼경을 아느냐? 글을 모르면 금수와 다를 바가 없다. 배워야 사람 구실을 하는 것이다."라고 훈계를 했다. 그러자 뱃사공은 배를 좌우로 크게 흔들었다. 겁에 질린 선비가 "여보게, 왜 이러는가. 진정하게." 하고 애원하자 사공이 "선비는 헤엄을 칠 줄 모르시오? 그것도 모르면서 감히 강을 건너려 하오? 강에 빠지면 죽습니다."라고 했다. 그렇다. 우리가 주고받는 말은 대부분 허구뿐인 말장난이다. 현실은 생존의 실제 상황이다.

　그녀의 질문은 너무 현실적이고 솔직하다. 그리고 아프다. 사실 이것은 인생 전체를 통해 풀어가야 할 과정이지만, 최후까지 유보되어야 할 물음이기도 하다. 나는 첫 마디를 이렇게 꺼낼 수밖에 없었다.

　"자, 누가 답해보실 분?"

　아무도 말이 없다. 숨소리까지 멎었다. 말할 수 없는 것도 말해야 하는 것이 이런 모임을 이끄는 사람이 짊어져야 하는 업보다. "누구나 죽는 것이오. 시간이 해결해줄 것이오. 죽어본 사람이 아무도 없으니 물어볼 데도 없는 질문이오."라고 말할 수는 없는 노릇 아닌가. 나는 다시 그녀에게 물어보았다.

　"큰 병원에는 전도하는 분들이 기도와 설교도 해주고, 호스피스도 있는데 그런 쪽에 부탁을 해보셨나요?"

"해보았죠. 그런데 아버님은 도무지 그분들의 말을 믿으려고 하지 않으세요."

"믿음, 그 믿음이 생기지 않으면 소용이 없지요. 종교는 믿음을 토양으로 자라는 것입니다. 믿음이 있기만 하다면 신이 아닌 바위라도 종교의 대상이 될 수 있겠죠. 인간의 믿음이 종교의 성립요건이라면 종교는 인간이 만든 것이고, 신이나 절대자도 마음속에 있다는 증거가 됩니다. 우리가 평소 종교를 갖고 별로 이익 되거나 급하지도 않은 의미나 절차를 탐구하는 것은 궁극적으로 죽음과 타협해가는 과정입니다. 도심 포교의 혁명을 이루었다는 유명한 스님은 '참선이란 살아서 체험하는 죽음'이라고 했고, 존경받는 스님 한 분도 '중 공부는 죽는 공부'라고 했습니다. 우리가 하는 수행과 마음 공부는 농사를 짓는 일에 비유됩니다. 씨 뿌리고 가꾸지 않은 자가 거둘 것이 없는 건 당연한 이치입니다. 따라서 죽음에 당면한 사람의 고통과 불안은 피할 수 없는 운명입니다. 그것을 받아들이는 태도가 인생의 결산일 것입니다. 죽음이 나에게만 닥친 뜻밖의 불행이라 여기고 모든 것의 종말이라 단정하며 삶의 쪽에서만 세상을 보아온 사람을 위로하는 말은 찾기 어렵습니다. 댁의 아버님은 평소에 공부를 안 하다가 시험 때 100점을 맞으려고 애쓰는 학생과 같습니다."

도로에서는 늦은 오후의 햇살 아래 정체가 계속되고 있었다.

"사실 저는 할 필요가 없는 말을 하고 있습니다. 사람마다 생각과 욕망이 다르므로 저는 제 경험과 생각만을 말하겠습니다. 사실 저는 20년 전에 공황장애라는 것을 겪은 적이 있습니다. 일은 많고 몸은 피곤하고 스트레스가 누적되던 40대 초반의 어느날, 갑자기 불안과 공포가 몰려왔습니다. 숨이 차고 맥박이 빨라지고 어지럽고 금방 심장이 멎어서 죽을 것 같은데, 어찌할 도리가 없더군요. 병원의 응급실에도 실려갔고, 정밀검사를 받아도 별다른 이상이 없다는데 증세는 계속됐습니다. 여러 병원을 전전하다가 정신과에서 '잠재한 무의식에서 표출되는 정신적 불안'이라는 모호한 진단을 받았습니다. 저는 불안에서 빠져나와 나를 응시하고 객관적으로 관찰하는 방법을 익혔습니다. 그 일을 계기로 종교의 필요성을 인정하고 불교를 공부하기 시작했습니다. 말하자면 젊어서 죽음에 접근해본 것이지요. 그 시기에 저는 내면으로만 향하던 관심을 밖으로 돌리는 노력을 했습니다. 자주 등산을 하고 먼 하늘을 바라보면서 자연과 우주를 느껴보고 먼저 저승에 간 주변 사람들을 회고했습니다. 과거로 계속 퇴행하여 어머니 뱃속에 들기 이전의 나를 생각해보았고 불교의 윤회나 기독교의 천국을 믿는 사람들의 마음을 헤아려보려 애썼습니다. 그러다보면 어느새 몸과 마음의 긴장이 풀리고 편안해지는 것을 느끼곤 했습니다."

사람들은 뜻밖이라는 듯 내 이야기를 듣고 있었다. 나는 대답을 마무리했다.

"질문하신 분이 먼저 삶과 죽음에 대한 생각을 정리해야 합니다. 저 같으면 아버님에게 '죽음은 다른 삶의 시작입니다. 우리 훗날 다시 가족으로 만나면 더 지성으로 모실게요. 죽지 않는 사람은 아무도 없습니다' 그런 정도로 말하겠어요. 그 이상은 아무도 대신할 수 없는 당사자의 몫입니다. 지금 우리가 이 자리에서 미지의 죽음에 대해 말한 것은 의미가 있습니다. 사람은 누구나 건강할 때 죽음을 먼 이야기, 남에게나 해당되는 이야기로 생각합니다. 당면해서야 놀라고 허둥대지요. 질문하신 분을 비롯한 우리 모두는 삶을 전체로 통찰해보는 값진 시간을 가진 것이고 인생공부의 궁극적인 과제를 알아낸 것입니다. 각자 자신에게 심각하고 끈기 있게 물어보아야 할 일입니다."

무한을 엿보는 구멍

2006년 10월 22일, 예산 수덕사에 다녀왔다. 예산 수덕사의 대웅전은 기록이 전하는 우리나라에서 가장 오래된 목조건물로서 2008년 무려 700살을 맞았다. 오래 묵은 것들에는 단순한 수치로 설명할 수 없는 위엄과 쓸쓸함이 병존한다. 그러니 직접 보고 느끼는 것이 좋다.

돌아오는 길에 문득 천문대를 짓는 노인의 이야기가 생각나 마이크를 잡았다. 2006년 9월 한 신문에 소개되었던 이야기다.

● ● ●

한일철강 설립자인 엄춘보(당시 87세) 옹은 평북 용천이 고향인 실향민이십니다. 전쟁 통에 월남해 1957년 창업, 연매출액 2,100억 원의 탄탄한 회사로 키워 자식에게 물려주었습니다. 현재 그분은 경기도 양주군 장흥유원지 근처에 사설 천문대인 '장락원長樂苑'을 건립 중이라고 합니다. 600밀리미터 반사망원경에 첨단 컴퓨터 시스템까지 구비돼 시설에만 300억 원 정도의 예산이 든다고 하지요.

엄춘보 옹의 변은 이렇습니다.

'한 번뿐인 인생을 인간답게 살려면 대자연과 우주의 원리를 알고 그 속에서의 내 위치를 배워야 한다. 우리 은하계에는 1,000~4,000억 개의 별들이 있고 우주공간에는 우리 은하와 비슷한 은하가 1,000억 개쯤 있다. 그 헤아릴 수 없는 행성들 중 하나인 지구에 지금까지 태어났던 수조兆의 생물종 중 99.99퍼센트는 지금 존재하지 않는다. 지구에서의 삶이란 지극히 짧은 찰나다. 인생은 여름날 하루살이 정도다. 우주는 크고 인간은 하찮다. 당신은 정말 운 좋은 존재다. 그걸 알수록 세상은 더없이 소중하다.'

그는 있는 그대로의 세상을 자각한 분이라고 생각합니다. 비록 그를 만나본 적은 없지만, 그 역시 무한한 우주와 시작도 끝도 알 수 없는 세월을 느끼면서 내가 누구인가라는 물음에 스스로 전율하고 한숨짓는 사람들 중 하나일 것이라고 생각합니다. 이것이 바로 깨달음이 아닌가요.

종교라는 최면에 걸리지 않아도, 철학이라는 번잡한 논설에 기대지 않아도, 콩알만한 지식들을 나열하고 치장하지 않아도, 자신에게 정직하고 세상을 진실되게 바라보면 누구나 궁극에 통하고 자기를 볼수 있다고 합니다.

성찰이 없는 신앙은 재앙에 다름 아니라는 말이 있습니다. 그러니 재앙을 피하려면 종교를 떠나 성찰부터 시작할 일입니다. 사람은 크고 작은 번뇌와 망상 속에 삽니다. 번뇌와 망상이 표출되는 모습을 갈등이라 한다면, 갈등은 결코 내부에서 치유되지 않습니다. 내적인 갈등은 외부로부터의 자극과 상호작용에 의해서 소멸되는 것입니다. 건강에 대한 관심을 몸 안에 가두고 있으면 건강염려증이 되고 신경쇠약이 됩니다. 몸이 안 좋다면 처방을 받아 적절히 투약하거나 운동과 취미생활을 하며 에너지를 발산하면 될 일입니다.

가족도 마찬가지입니다. 가난할 적엔 대체로 화목합니다. 궁핍은 분담되는 것이고 원망이든 투지든 관심이 외부로 향하기 때문이지요. 재물을 많이 소유할수록 가족은 불화하기 쉽습니다. 소유는 반드시 분배의 문제를 야기하고 공평한 분배란 없기 때문입니다.

집단이나 국가가 전쟁을 일으키는 중요한 이유 중의 하나가 내부에서 빚어지는 갈등을 외부와의 더 큰 갈등으로 극복하기 위해서라고 합니다.

하지만 현명한 사람은 괴로울 때, 기쁠 때, 좌절할 때, 교만해질 때 그저 하늘을 올려다봅니다. 맑은 날 하늘이 얼마나 푸르고 깊은지, 밤하늘 총총한 별들이 얼마나 까마득한지를 가슴 저리도록 느껴보지 못했다면 아직 자유를 만나지 못한 것입니다.

천문대란 무한한 우주를 엿보는 작은 구멍에 불과합니다. 그 작은 구멍 안에 초월이 있고 치유가 있습니다. 그 어떤 법당이나 예배당이 그 천문대보다 더 정직하고 더 장엄할까요? 엄춘보 옹의 천문대가 완공되면 꼭 한 번 가보고 싶어집니다.

· · ·

　일행들은 나의 뜬금없는 천문대 얘기에 그 어느 때보다도 진지하게
귀를 기울여주었다. 아마도 보통 사람들은 연애 시절의 이벤트나 아
이들의 방학숙제가 아니라면 평생 한 번 가볼까 말까 한 곳이 천문대
일 것이다. 나 역시 그러했다. 하지만 삶의 막바지에서 막대한 재산을
털어 천문대를 짓고 있는 노인의 이야기에는 존경 어린 호기심을 느
낄 수밖에 없었다. 끝없이 펼쳐진 막막한 우주공간을 마주 대하는 장
엄한 기분을 상상해서일까. 다들 숙연한 표정이었다.

This is Love

2004년 12월 19일 제천 정방사를 찾았다. 겨울답지 않게 날씨가 따스하고 청명하다. 일행들의 표정도 밝았다. 다들 처음 가보는 곳이라 기대감이 컸다. 날이 좋아서인지 최근에 입적하신 숭산崇山 스님의 얘기가 떠올랐다. 38년 간 해외 포교를 한 인연으로 2004년 12월 3일 스님의 다비식에 500여 명이나 되는 벽안碧眼의 제자들이 참석해 화제를 모은 일이 있었다.

• • •

숭산 스님은 2004년 11월 30일 입적하셨습니다. 입적하시기 전 그분은 임종을 안타까워하는 제자들에게 다음과 같은 한 마디를 남겼다 합니다.

"걱정하지 마라. 만고광명萬古光明이요, 청산유수靑山流水 인데."

하버드 대학교 재학 중 숭산 스님의 강연을 듣고 출가했다는 걸출한 제자 미국인 현각 스님은 스승이 마지막까지도 "너희들 조심해라. 몸도 믿을 수 없고 마음도 믿을 수 없다. 오직 모를 뿐이라는 사실을 새겨라."라고 말했다고 합니다.

오랫동안 해외포교를 해왔음에도 불구하고 숭산 스님의 영어실력은 초보 수준이었다고 합니다. 문법은 무시하고 발음도 서툴며, 몇 마디 단어만 대충 나열하는 식이었다는 것입니다. 그러면서도 그는 그 짧은 영어로 서양 사람들의 의표를 찌르는 독특한 화법을 구사했습니다.

그는 1960년대 초 우연한 기회에 미국을 방문해 하버드 대학교에서 강연을 하게 되었습니다. 강연 끝에 한 여학생이 질문을 했다고 합니다.

여학생은 물었습니다. "What is love?(사랑이란 무엇입니까?)"

숭산 스님은 한참 침묵하다가 대답했습니다. "I ask you, what is love?(내가 되묻노니 너는 사랑이 무엇이라 생각하느냐?)"

강연장에는 침묵과 긴장이 흘렀겠지요. 숭산 스님은 다시 그 여학생을 똑바로 바라보면서 말했습니다. "This is love. You ask me, I ask you. This is love.(이것이 바로 사랑이다. 네가 나에게 묻고, 내가 너에게 묻는 것, 바로 이게 사랑이야.)"

잠시 후 강의실은 환호와 박수 소리로 요란했다고 합니다.

사랑은 사랑을 표현하는 데 주저함이 없는 서양문화 속에서 너무나 친숙한 개념이 아닐까 싶습니다. 서양의 주류라 할 수 있는 기독교의 중심 가치도 바로 사랑입니다. 우리의 문화에서 정情도, 의義도, 예禮도 아닌 사랑愛이란 다소 생소하고 현대적인 개념이 아닌가 싶습니다. 성경은 '사랑은 오래 참고 온유하며 시기하지 아니하며…'라고 막힘없이 표현합니다.

숭산의 대답은 '사랑이란 네가 내게 묻고 또 내가 네게 물어봄으로써 서로 관심을 갖고 바라보거나 의식하는 상태, 바로 이런 것'이라고 정리해도 되겠습니다. 그는 짧은 영어로 매우 정확하게 그녀와 그녀를 둘러싸고 있는 문화적 고정관념에 짜릿한 충격을 던졌을 것입니다. 생소한 종교의 지도자가 자신들과 같은 생각을 하고 있다는 공감 역시 컸겠지요.

숭산은 평소에도 "Who are you?(넌 누구냐?)" "Why alive?(왜 살지?)" "Only don't know.(오직 모를 뿐이다.)" 같은 말을 자주 썼다고 합니다. 알 듯 말 듯한 이 짧은 화두에 정신이 번쩍 든 외국인들이 속속 그를 따라 출가하곤 했지요. 숭산 스님의 일관된 정신은 세계일화世界一花, 즉 세계는 한 송이 꽃이며 보편적 진리에 의해 하나로 연결될 때 비로소 인간은 제 모습을 찾을 수 있다는 것이었습니다. 그래서 비록 스님 자신은 어눌한 영어를 썼지만 영어를 모국어로 하는 많은 젊은이들과 대화하고 미국은 물론 유럽대륙과 이스라엘에까지 구도의 길을 열 수 있었습니다.

말은 마음을 전달하는 수단입니다. 그러나 궁즉통窮卽通이라고, 마음이 간절하면 말 없이도 뜻이 통하는 것 아니겠습니까. 서양 문화권에서는 말이나 글의 순서와 구성이 논리적이고 상세합니다. 따라서 영어로 사고를 하는 사람들은 논리성이 뛰어납니다. 그에 비해 동양 문화권, 특히 불교에서는 언어를 함축적으로 사용합니다. 자연히 논리의 비약도 있지만 해석의 여지는 풍부해집니다. 여백에 색과 사물을 채워넣는 서양화와 대상보다 더 큰 여백을 남길 줄 아는 동양화의 차이라고나 할까요.

하지만 단순히 여백의 미를 넘어서는 경우도 있습니다. 스님들의 법문을 들어보면 공부를 많이 하고 고명하다는 분들일수록 말을 몹시 어렵게 합니다. 한술 더 떠서 말은 않고 소리만 꽥 지르거나 뜻 모를 한시漢詩를 읊기도 합니다. '말로 할 수 없는 말 밖의 경지' 운운하면서 얼버무리는 경우도 있습니다. 흔히 이를 선문답이라고 합니다.

그러나 아는 자는 분명히 말해야 한다고 생각합니다. 인생은 혼자 하는 팬터마임이 아닙니다. 모두가 함께 연출하고 출연하는 연속극입니다. 제대로 아는 자는 가급적 쉽게 말하는 것이 맞습니다. 그가 가 본 길이 사도邪道가 아니라 정도正道라면 더욱더 그렇습니다. 특히 시주나 헌금을 받는 성직자는 좀더 쉽게 친절하게 말해야 합니다. 물론 돈을 받아내자고 거짓말이나 꾸밈말을 하는 것은 별론으로 하겠습니다만.

산길을 가다보면 길의 흔적이 잘 보이지 않는 곳이나 갈래길이 나타나 선택이 망설여지곤 합니다. 이런 곳에선 누군가 나뭇가지에 색깔 있는 리본들을 연이어 묶어놓은 것을 자주 보게 되지요. 때로는

'여기 길 없음'이라는 표시도 봅니다. 먼저 그 길을 가본 사람들이 남긴 이정표입니다. 발로 걸어다니는 길에서도 먼저 가본 사람의 배려가 그러한데, 인생을 먼저 살아보고 공부를 하여 그 가운데서 깨달음을 얻었거나, 아니면 헛걸음한 것을 알았다면 이정표를 남겨야 합니다. 이것이 또한 사랑입니다. 일러주지 않는 것은 공밥 먹고 헛짓하는 것입니다. 숭산 스님은 제대로 알고 옳게 가르친 분입니다.

● ● ●

정방사는 해발 1,610미터 금수산 자락의 깎은 듯한 절벽에 기대어 있다. 청평호가 발 아래 그림처럼 펼쳐진다. 거북을 닮아서인지 법명이 석구石龜라는 스님은 산에 근무하는 장병들을 상대로 매주 법문을 해주고 간식을 나누어주는데, 그 비용이 수월찮게 든다고 하소연을 했다. 그 말을 듣고 우리 일행은 앞다투어 복전함에 추가로 돈을 넣었다.

사형당한 지옥의 왕

2006년 9월 24일, 영천 은해사와 거조암을 찾았다.

국보 14호인 거조암居祖庵은 맞배지붕의 간결한 고려시대 건물로, 내부에는 붓다 시대의 승가 구성원이었던 526위의 나한상을 모셨다. 미로 같은 법당 안에서 각자의 마음에 드는 불상에 절을 하고 기도하는 모습이 이채롭다. 결국 하나가 여럿—即多이고 여럿이 하나多即—라는 불교의 이치를 체험하는 곳이다. 우리 곁을 스치는 작은 사건에도 많은 암시와 교훈이 있을 것이다.

• • •

내가 초등학교를 다닌 1950년대에도 자연 과목에서 태양계를 배울 때 '수금지화목토천해명' 또는 '목토천해명지금화수' 하는 머리글자 약어를 공식처럼 외웠습니다. 먼저 것은 태양으로부터 가까운 행성들의 순서고, 후자는 행성의 크기 순서입니다. 시험문제로 자주 나왔고 많이 헷갈리기도 했습니다. 우리는 태양 주위를 도는 9개 행성들로 단순화한 우주를 상상하면서, 더 넓은 지구 밖의 공간을 생각하고 제법 대단한 것을 아는 양 했습니다. 또 이런 천체의 비밀이 밝혀지고 도식화되는 과학의 힘을 진리라 믿고 덩달아 우월감을 느끼기도 했습니다. 그런데 태양에서 가장 멀리 떨어진 아홉 번째 행성인 명왕성冥王星의 처지가 최근 딱하게 되어버렸지요.

명왕성은 1930년 미국의 천문학자 클라이드 톰보가 일년 간 관찰 끝에 발견한 것인데, 75년 뒤인 2005년 마이크 브라운이라는 사람이 더 멀리 있는 행성을 발견했습니다. '제나' 라고 이름 붙인 이 행성은 지름이 명왕성(1,151킬로미터)보다 훨씬 큰 2,400킬로미터로, 태양계 10번째 행성으로 공인될 가능성이 있다고 합니다. 이것만으로도 우리가 외운 약어는 틀린 것이 될 수 있습니다. 또 2개의 행성이 더 추가되어 모두 12개의 행성 형제가 될 것이라는 예측도 나왔습니다. 이렇게 명왕성은 한 개 혹은 세 개의 '동생' 을 거느리게 되는 것이 새로운 사실로 굳어지는 듯했습니다.

그러다 명왕성 자체에 시비가 붙었습니다. 반경이 지구 주위를 도는 달(1,738킬로미터)보다 작고, 공전 궤도가 기존의 8개 행성과 판이하며, 표면이 얼음으로 이루어진 특이한 구조라는 것입니다. 명왕성과 유사한 별이 장차 수십 개는 더 추가될 것이라는 연구 결과도 발표되었지요. 급기야 2006년 8월 국제 천문연맹의 '심판' 으로 명왕성을 행성에서 퇴출시키고 말았습니다. 그리고 '134340'이라는 무미건조한 죄수번호 같은 것으로 표기하게 되었습니다.

명왕성이 애초에 뭐라고 말한 적이 있었나요? 인간들이 가만히 있는 별을 한쪽의 족보에 집어넣고 저승세계의 지배자인 '명왕冥王(Pluto)'이라 불렀던 것 아닙니까. 그러다 느닷없이 막내는커녕 서자庶子도 아닌 딴 종자라며 제명해버린 것입니다.

태양으로부터 평균거리 59억 킬로미터, 공전주기 247.7년. 지구에서 보통사람 걸음으로 걸으면 왕복에 100만 년 정도 걸린다고 합니다. 그런 별을 측량해 이름을 붙이고 줄을 세우는 과학이라는 행위가 새삼 생경하기만 합니다. 태양계만 해도 종이 한 장에 그릴 만한 대상이 아닙니다. 지구를 팥알 크기로 나타낸다고 해도 목성은 300미터 떨어진 곳에, 명왕성은 2.4킬로미터 떨어진 곳에 깨알만하게 그려야 하는 것입니다. 또 태양은 은하 중심에서 3만 광년 떨어져 있고 은하계에는 태양과 같은 별이 1,000억~4,000억 개 있다고 합니다. 우주에는 다시 이런 은하계가 1,400억 개 이상 있다는군요.

불교는 무한함을 다루면서도 이를 유한한 사물과의 관계로 바꾸어 설명하기를 즐깁니다. 흔히 듣는 '겁(겁파, kalpa)'이란 시간단위의 설명이 그러합니다. 1,000년에 한 방울씩 떨어지는 낙숫물이 집채만한 바위를 뚫어 없애거나, 100년에 한 번씩 내려오는 선녀의 옷자락이 사방 40리의 바위를 닳아 없애는 시간, 혹은 사방 40리의 철성에 겨자씨를 가득 채우고 100년에 한 알씩 꺼내 다 비워질 때까지를 겁이라고 합니다. 어리석은 중생들을 깨우치기 위해 일상의 사물들을 끌어들인 재미있는 비유지요.

인간마다 지닌 사유의 세계도 우주만큼이나 넓고도 많습니다. 함부로 세상과 사람을 재단하면 그 자체로 과오를 범하는 것입니다. 땅덩어리가 네모지지 않고 둥글다는 것, 지구가 스스로 돈다는 것, 생명은 진화한다는 것 등 과학적인 사실조차 모두 큰 갈등을 겪고 뒤집혀 증명되지 않았습니까. 지금도 과학 안에 숱한 비과학이 존재하며, 수많은 진리 아닌 것들이 진리로 통하고 있을 것입니다.

물론 과학적 탐구는 계속되어야 합니다. '자연을 인간의 잣대로 재단하지 말라'는 지극한 상식도 수정과 발전을 거듭하는 과학 덕분에 얻어진 교훈입니다. 따라서 인류가 과학의 성과를 진리로 받드는 믿음은 언젠가는 그것이 진리가 아닐 수도 있다는 가능성을 예비해두어야 합니다.

예전 명왕성에게 공연히 미안해집니다. 그는 괘념치 않겠지만, 진심으로 위로를 보냅니다.

● ● ●

있다有, 없다無를 포함한 모든 분별은 인간이 자기 능력이나 생각 안에 세상을 가두려는 하나의 편견일 뿐이라고 생각된다.

신미대사와 소리글

2006년 11월 26일, 제천 덕주사를 찾았다.

불교 공부는 10년 경전, 10년 만행, 10년 참선이라고 한다. 그 지독한 공부에 과연 몇 분이나 성불하였을 것이며, 그 결과물은 또 무엇일까. 결국은 자기만족에 불과한 것 아닐까. 세상에 크게 이익을 끼치고 이름을 남긴 스님도 많을 것이다. 그러나 홀로 깨닫고 스러져간 잊혀진 스님들은 더 많을 것이다. 이날도 일행에게 어느 스님의 얘기를 하게 되었다.

• • •

한 일간지에 고정 칼럼을 쓰는 명리학자 조용헌 씨는 얼마 전 한글 창제의 주역이 조선시대 승려인 신미대사信眉大師라고 주장하는 글을 쓴 적이 있습니다. 신미대사는 세조가 마음의 병을 치료하기 위해 속리산 법주사 복천암으로 그를 만나러 가는 길에 가지를 스스로 들어 올렸다는 '정2품 소나무' 전설에 등장하는 분입니다.

신미대사는 대장경 원전을 알고 싶어 범어梵語와 티베트 어를 공부해 정통했던 대학자였다고 합니다. 범어에는 50개의 자모음이 있는데 신미대사가 그중 28개를 선별해서 이 28자와 33장으로 훈민정음을 만들었다는 것입니다. 이는 절에서 아침저녁으로 치는 범종의 타종 숫자와 같으며, 28숙宿·33천天이라는 불교적 우주관과도 통한다는 것이지요.

한글이 창제된 후 실제에 적용한 최초의 번역서는 《용비어천가》를 제외하면 붓다의 일대기인 《석보상절》과 찬불가인 《월인천강지곡》 그리고 경전 해설서인 《능엄경언해》 등 불교와 관련된 것이었다고 합니다. 조선의 국교는 불교가 아닌 유교였고, 당시의 필독서는 《논어》나 《맹자》였으니 단순한 우연이라고 보기는 어렵습니다. 분명히 한글 창제에는 불교적 배경이 있다는 것이 일부 사람들의 추측입니다.

실제로 범어와 우리말에는 서로 소리가 같은 것들이 많이 발견됩니다. 예컨대 윷은 범어로 Yudh(별들의 전쟁), 아리랑은 arilangh(사랑하는 이+서둘러 떠나다), 머슴은 musim(힘+관리), 밥은 vame(젖)과 상응합니다.

신미대사의 속가俗家는 영산 김씨인데 그 족보에 신미가 집현전 학사였고 세종의 총애를 받았다고 기록돼 있다고 합니다. 세종대왕은 신미에게 우국리세혜각존자祐國利世慧覺尊者라는 법호를 내렸는데, 나라를 위해 큰 공을 세웠음을 암시하고 있습니다. 그런 신미대사가 한 글창제의 공신으로 기록되지 못한 것은 오로지 그가 승려였기 때문이라는 주장이 있습니다. 그의 법호도 유생들의 줄기찬 방해로 나라에 이익이 되었다는 의미를 뗀 '혜각존자'로만 불리게 되었고, 한글로 번역된 《석보상절》 등은 세종의 명을 받아 수양대군이 지은 것으로 기록했다는 것입니다.

1443년 한글이 창제되고 몇 달 후 집현전 실무 담당자인 최만리를 중심으로 한글 반대상소를 올린 것도 표면상 이유는 대국(중화)을 섬기는 나라가 따로 글자를 만드는 것은 대의명분에 어긋난다는 것이었지만, 실은 승려인 신미의 공을 인정하고 싶지 않았기 때문이라는 해석도 있습니다.

《조선왕조실록》에는 세종 25년에 '상上께서 28자를 친히 제정하였다'고 기록하고, 제자 및 결합의 철학적 배경은 성리학적 이론인 삼극三極 이기二氣, 즉 천지인과 음양 그리고 오행에 따랐다고 하며, 참여한 사람은 정인지, 최항, 박팽년, 신숙주, 성삼문, 강희안, 이개, 이선로 등으로만 밝히고 있을 뿐입니다.

훈민정음은 우리나라의 위대한 발명품이며, 인터넷 시대에 접어들어 그 과학성과 편리성이 더욱 돋보이는 고마운 존재입니다. 가까운 일본이나 중국의 경우 키보드와 휴대전화의 문자판을 이용해 글자를 입력하기가 매우 까다롭습니다. 한글은 그에 비하면 놀랄 만큼 편리하며, 기하학적인 직선과 곡선의 조화로 이루어진 글자 모양은 외국인들의 눈에 지극히 현대적으로 보인다고 합니다.

역사가 어떻게 기록되는지를 아는 현대인은 과학의 힘과 합리적 분석을 통해 역사에서 가려진 진실들을 찾아냅니다. 오랜 한자 문화권에서 소리글인 한글은 획기적인 발상인 것입니다. 당시 지배 이데올로기인 유학적 사고로는 접근하기 힘든 형식과 원리로 이루어졌습니다. 특히 소리값이 없는 것을 원형으로 표현한 이응(ㅇ)의 기능과 모양은 나고 자라면서 한자만 쓰던 사람들의 머리에서 나올 수 있는 게 아닙니다. 걸출한 학자였던 수양대군 곁에 소리글인 범어를 공부한 신미가 절친한 친구로 있었는데, 수양대군이 신미의 도움을 받지 않았다면 그게 오히려 이상한 일이 아닐까요.

나라의 중심이라는 충청도 속리산 법주사 복천암에는 지금도 신미대사의 부도가 남아 있습니다. 예로부터 기도하면 소원성취가 된다고 소문난 곳입니다. 이후에는 한글 창제에 관련된 신미대사의 역할도 제대로 밝혀지기를 바라는 마음입니다.

● ● ●

우리 일행이 회장의 말이라고 팥으로 메주 쑤는 얘기까지 믿어줄 정도로 어리숙하지는 않지만, 이날의 얘기는 나름대로 설득력이 있었던 것 같다. 어쩌면 시공을 뛰어넘어 같은 믿음을 공유했다는 이유만으로도 신미대사의 업적을 믿고 싶었는지 모른다.

진실보다 아름다운 전설

2005년 9월 24일, 구례 화엄사를 찾았다. 지리산 노고단 서쪽 계곡엔 화엄사가 있다. 544년에 승려 연기緣起가 창건했다고 전해지는 이 고찰은 웅장하고 아름답고 유적 많기로 유명하다. 속인이 그러한 역사의 유장함이나 화엄의 심오함에 대해 말로 표현하는 게 가능하기는 할까. 가는 길, 단풍이 아직 이르다고는 하지만 조각이불처럼 차례로 물들어가는 들녘의 벼이삭이 아름다웠다. 처연하고 애틋한 전설 하나를 상기하는 시간을 가졌다.

• • •

화엄사에 들어서면 특이한 점이 하나 있습니다. 도량은 거의 예외 없이 대웅전을 중심으로 가람이 배치되는데, 이 절에서는 그 위치나 규모로 보아 각황전覺皇殿이 중심입니다. 화엄사 각황전은 장중하면서도 세련된 기품을 지닌 우리나라 최대의 목조건물로 국보 67호에 지정돼 있습니다.

각황전은 정면 7간과 측면 5간에 양식은 중층, 팔작지붕 다포집 대석조 기단 위에 서 있습니다. 밖에서 보면 2층이고 안은 툭 터진 넓고 높은 공간입니다. 웅장하면서도 미려하고, 섬세하면서도 위엄이 느껴집니다. 단청을 새로 입히지 않은 빛바랜 고색창연함이 오히려 더 화려해서 그 앞에 서면 숙연해지고 압도당하는 기분입니다. 내부에는 목조 3불 4보살을 모셨는데 석가여래를 중심으로 다보여래와 아미타여래를 좌우로 하고 문수, 보현, 지장, 관음을 협시불로 모셨습니다.

원래 이름은 장육전인데 670년 의상대사가 건립하고 몇 차례 다시 지은 것이 임진왜란 때 소실되었습니다. 지금의 건물은 1703년 계파 桂波대사가 중건한 것입니다. '장육'이나 '각황'은 모두 붓다를 의미합니다. 각황전이 새로 세워진 데는 다음과 같은 전설이 있습니다.

계파대사는 스승인 벽암대사의 위촉을 받아 장육전 중창 불사를 하기로 했습니다. 막대한 비용과 인력을 조달할 길이 막연해 고심하던 끝에 스님 100명이 100일 기도를 했습니다. 밤중에 대웅전에서 기도를 하고 있는데 비몽사몽간에 한 노인이 나타나 "그대는 걱정 말고 내일 아침 절을 떠나라. 그리고 맨 먼저 만나는 사람에게 시주를 권하라." 하고 말했습니다. 대사는 용기를 얻어 다음날 아침 일찍 아무도 모르게 절을 나섰습니다. 계곡을 따라 내려가는데, 마침 아랫쪽에서 한 사람이 마주오고 있었습니다. 가까이 다가가서 보니 그 사람은 매양 절에서 일을 돕고 밥을 얻어먹던 거지 노파였습니다. 대사는 낙망해서 '저 누더기 입은 노파가 어떻게 시주를 하나' 하고 걱정했으나, 간밤의 계시를 떠올리며 어쨌든 그 노파에게 시주를 청했습니다. 노파도 어이가 없었습니다. 하지만 하루 내내 붙들고 간청을 하는 대사에게 감동받아 눈물을 흘리며 큰 서원誓願을 말했습니다. 가진 것 없는 노파는 "이 몸이 죽어 왕궁에 태어나 불사를 성취하리니, 문수대성이여 가피를 내리소서."라고 말하곤 바로 길 옆의 깊은 소沼에 몸을 던졌습니다.

그로부터 몇 년 후, 계파대사가 걸식을 하며 한양에 나타났는데 궁궐 밖에 유모와 나들이를 나왔던 어린 공주가 대사를 보고 "우리 스님!" 하면서 반갑게 달려들었습니다. 공주는 태어나면서부터 한쪽 손을 꼭 쥐고 있었는데, 대사가 안고 손을 만지자 쥐었던 손이 펴졌습니다. 그 안에는 '丈六殿(장육전)'이라는 세 글자가 적혀 있었습니다.

이 소식을 들은 왕이 감격하여 장육전 건립을 허락하고 각황전이라는 이름도 하사했습니다. 이 왕이 바로 숙종으로, 재위 29년의 일이라고 전해집니다.

사실史實을 살펴보면 숙종에게는 공주가 없었다고 합니다. 최근 발견된 상량문에 의하면 문제의 장육전은 연잉군, 즉 영조와 생모 숙빈 최씨의 시주로 재건되었다는 것입니다. 하지만 시주를 하기 위해 목숨을 버려 환생한 노파의 전설은 어쩐지 진실로 믿고 싶어집니다. 때로는 진실보다 전설이 더 감동적이고 참으로 여겨지는 것 아니겠습니까.

· · ·

　일행은 대부분 방문하는 절에 부탁하여 점심 공양을 해결했고 부득이한 경우 밥을 따로 준비해가곤 했는데, 음식 맛 좋기로 정평이 난 호남 쪽에 갈 때만은 반드시 인근 식당을 찾았다. 그날도 마찬가지였다. 화엄사 입구에 있는 한 음식점에 들어갔는데, 맛있고 양도 워낙 푸짐해서 이렇게 해도 수지가 맞나 하고 식객들이 오히려 걱정을 할 지경이었다. 애잔한 전설에 취하고, 음식 맛에 취하고, 초가을 정취에 취하고…… 산 기슭의 나무들보다 먼저 우리 가슴에 단풍이 드는 기분이었다.

문수보살을 친견하다

2005년 2월 13일, 오대산 상원사 적멸보궁에 들렀다. 용이 여의주를 물고 있는 형국이라는 적멸보궁寂滅寶宮은 우리나라의 대표적인 명당이다. 음력 정초면 가파른 눈길을 더듬거리며 오르는 순례객들로 정체를 빚는다. 이른바 기도와 치성의 시즌이다. 때가 때인지라 유명한 상원사 문수보살을 화제로 삼았다.

• • •

조선의 7대 임금인 세조대왕은 살육의 피비린내를 헤치고 곤룡포를 입었습니다. 헌데 그의 형수이자 단종의 어머니인 현덕왕후 권씨가 어느날 꿈에 나타나 그를 꾸짖으며 침을 뱉고 사라졌다고 하지요. 그후 임금의 몸엔 종기와 부스럼이 생겨 말할 수 없는 고통을 겪었습니다. 자신이 저지른 죄에 대한 업보라고 생각한 세조는 전국의 유명한 사찰을 찾아다니며 치성을 드렸습니다. 그러다 강원도 오대산에 있는 상원사上院寺에 이르렀습니다.

세조는 외진 계곡에서 주위를 물리치고 관대를 풀고 어의를 벗은 뒤 맑은 물에 목욕을 했습니다. 때마침 동자승 하나가 근처를 지나기에 무심코 그를 불러 등을 밀어달라고 한 겁니다. 누더기처럼 헌 데 투성이인 임금의 등을 정성스럽게 닦고 난 동자승에게 세조는 "다른 사람을 만나거든 오늘 있었던 일을 입 밖에 내지 말라." 하고 당부하였습니다. 잡인이 임금의 옥체에 손을 댔다면 참형을 당할 수 있기 때문입니다. 그랬더니 동자승이 되받아 말하기를 "임금께서는 어디 가서든 문수보살을 친견親見했다고 말하지 마십시오." 하고는 홀연히 자취를 감추었습니다.

번쩍 정신이 든 세조가 물 밖으로 나와보니 온몸의 종기와 부스럼이 씻은 듯이 나았다는 겁니다. 감동한 세조는 상원사에서 백일기도를 드리기 시작하고, 화공과 목수를 동원해 자신이 본 기억대로 문수동자상을 만들었습니다. 이 상이 지금 상원사 청량선원에 봉안된 국보 221호입니다.

문수보살은 보현보살과 짝하여 석가모니불의 모처로서 왼쪽에 자리하며 '지혜'를 상징합니다. 이 절에서 어린이를 보면 혹시 문수보살 아닐까 하고 한 번 더 돌아보게 됩니다.

1983년 7월 복장물로 23점의 유물이 나왔는데, 이 동자상의 조성연도는 실제로 1466년(세조 12년)임이 확인되었습니다. 나무로 된 동자상은 높이 98센티미터의 빼어난 조각품입니다. 유물에는 불경, 세조의 명주적삼, 사리, 발원문, 수정 등도 있는데 모두 보물(793호)로 지정돼 전시 중입니다.

본당 계단 옆의 두 마리 고양이 석상도 세조와 관련이 있습니다. 세조가 상원사에 머물던 중, 불전에 예불을 드리러 들어가는데 고양이 한 마리가 나타나 어의를 물고 붙들며 한사코 방해를 했습니다. 이상하게 여긴 세조가 불전 안을 뒤져보게 하였더니 탁자 밑에 자객이 숨어 있더라는 것입니다. 세조는 고양이의 은혜에 보답하기 위해 상원사에 고양이 키우는 비용인 양묘전養猫田을 내렸다고 합니다. 깊은 참회와 정성 지극한 기도를 하면 범인의 상상을 넘어서는 기적이 일어나기도 하는 모양입니다.

현재의 상원사는 당시 세자빈이던 인수대비가 신미대사의 권유를 받고 세조에게 청하여 중창한 것입니다. 세조 사후에도 원찰願刹로 삼았습니다.

1950년 6·25 전란 때는 인근의 모든 사찰을 군인들이 불태워버렸는데, 이곳에 와보니 노스님이 혼자 버티고 앉아서 "법당과 함께 타 죽겠다"고 하는 것이었습니다. 그러자 군인들이 문짝만 떼서 불사르고 물러갔다는 일화가 있습니다. 그 스님이 뒷날 앉은 채로 열반에 들었다는 한암寒巖 스님입니다. 한암은 스물두 살에 금강산을 유람하다가 기암절벽 하나가 부처의 모습을 닮은 것을 보고 감탄해 출가했으며, 50세에 상원사에 들어가 그 후로 27년 동안 바깥에 나오지 않았다고 합니다.

　바야흐로 전설 속에 역사가 숨어 있고, 역사가 또 전설을 만드는 것이 아닌가 합니다. 세월이 흐르면서 전설이 역사를 가린다기보다는 전설이 있어 역사에 대한 해석이 더 풍부해지고 역사적 사실도 생동감을 얻게 되는 것 같습니다.

• • •

　적멸보궁을 다녀오면서 한 분이 미끄러져 팔에 부상을 입었다. 모두 어찌할 바를 몰라 허둥대는데, 정혜모 님이 기념품 가게에서 나무 주걱을 사서 팔에 대고 손수건으로 매어 부목을 만들어주었다. 그의 임기응변이 고맙고 놀라웠다.

오! 왕오천축국전

2004년 4월 25일, 설악산 신흥사를 찾았다.

이즈음 〈왕오천축국전〉을 완벽히 복원하여 출간하였다는, 지난날 간첩으로 처벌 받았던 무하마드 깐수(정수일)의 기구한 인생유전이 생각나서 내친 김에 일행들에게 〈왕오천축국전〉 이야기를 꺼내기로 했다. 깐수 교수가 출간한 〈왕오천축국전〉에는 원본의 10배에 달하는 503개의 주석을 붙여놓았다고 한다. 역작이 아닐 수 없다.

● ● ●

1908년 프랑스의 동양학자 펠리오는 중국 간쑤성의 둔황敦煌에 있는 천불동 석굴 17동을 탐사하던 중 동굴 천장 구석진 곳에서 종이 두루마리 하나를 발견했습니다. 무려 1,180년 간 어둠 속에 숨을 죽이고 있던 보물이 한 외국인의 손에 의해 얼굴을 내민 것입니다.

가로 42센티미터, 세로 28.5센티미터의 황마지 9장을 이어붙인 두루마리에는 총 227행 5,893자의 한문이 필사되어 있었습니다. 나중에 이 두루마리 글의 내용이 당나라 승려 혜림이 거의 동시대에 지은《일체경음의》안에 있는〈왕오천축국전〉편에 주석된 85개의 어휘 중 일부와 일치한다는 사실이 밝혀졌습니다. 이 고문서 두 개를 서로 비교한 결과 두루마리 글은 3권으로 되어 있던 원본을 요약한 축약본이라는 사실을 알 수 있었습니다. 필사과정에서 앞뒤 많은 부분이 빠진 것도 파악되었지요. 전문가에 의하면 언어 표현이나 문법 구조는 문학적 완성도가 뛰어난 법현의《불국기》나 현장의《대당서역기》에서 보여주는 정밀성에는 미치지 못하지만, 세계 4대 여행기의 하나로 마르코 폴로의《동방견문록》과 이탈리아 수도사 오도릭의《동유기》그리고 아랍인 이븐 바투타의 여행기 등과 같은 반열에 오르게 되었다고 합니다. 이 보물은 현재 프랑스 루브르 박물관에 소장되어 있습니다.

　〈왕오천축국전〉의 저자인 혜초慧超(704~787)가 신라 사람이라는 사실도 1915년 일본학자 다카쿠스 준지로의 연구로 밝혀졌습니다. 이렇게 혜초의 이름이 밝혀지면서〈왕오천축국전〉은 동서교류사에 있어 귀중한 유물이 되었고, 중국의 둔황은 우리나라 사람들에게 보다 의미 있는 관광지로 주목받게 되었습니다.

　혜초는 이 여행기를 23세였던 727년에 썼습니다. 19세 때인 723년에 당나라 광저우에 가서 인도승 금강지의 제자가 된 뒤, 그의 권유로 나신국裸身國을 경유해 인도 동해안에 도착하여 불교 성지를 순례했습니다. 그는 다시 파미르 고원을 넘고 쿠차를 거쳐 733년 당나라 장안 천복사 도량으로 돌아와 금강지와 함께 밀교 경전을 연구했다고 전해집니다.

1,300년 전 대양을 항해하고 광활한 땅 중국과 인도 그리고 히말라야 산맥을 넘는 여정에서 혜초는 험준한 길과 설산雪山, 하늘과 기후의 시련, 말이 통하지 않는 사람들과의 맞닥뜨림, 예고 없는 질병이나 부상, 도둑 그리고 몇 년이나 내리 걸어야 하는 고통을 감내했습니다. 보통 인간의 의지나 작정으로는 상상할 수도 없는 일이었지요. 현대적 교통수단과 채비로 나서는 실크로드 답사도 고달프기 이루 말할 수 없고, 문명의 이기가 별로 도움 되지 않는 차마고도 같은 곳은 사진만 봐도 숨이 막힐 지경인데, 그 시절에 그러한 여행을 하고 살아 돌아와 여행기를 남겼다는 것은 지극한 요행이나 초능력이 아닐 수 없습니다.

혜초의 여정을 요즘 사람들의 용어로 여행이나 답사라고 표현해선 부족할 것 같습니다. 그것은 죽음으로의 돌진이자 순교입니다. 단순히 주어진 삶을 살아나가기 위해서는 그럴 수가 없습니다. 죽음을 초월하지 않고는 삶을 구할 수 없다는 절박한 숙명이 있었을 것입니다.

오천축국이란 당시 인도가 동서남북과 중앙의 다섯 나라로 분리되어 있었던 상황에서 나온 명칭입니다. 여행기의 일부는 다음과 같습니다.

천축국에는 목에 칼을 씌우거나 매질하거나 투옥하는 일이 없다. 죄를 지은 자에게는 그 경중에 따라 벌금을 물리지만, 형벌이나 사형을 내리는 일은 없다. 길은 많은 도적들로 득실거리지만 그들은 물건만 빼앗고 곧바로 놓아주며 해치거나 죽이지 않는다. 그러나 물건을 아끼는 자는 다치기 일쑤다.

혜초는 석가가 탄생한 가비야라(현 네팔의 룸비니)와 열반에 들었던 구시나가 황폐하여 승려조차 없을 정도로 불교가 쇠잔해버린 현실을 보았고, 힌두교가 교세를 확장해 초기불교의 요람인 동 · 중천축국은 물론 남 · 서천축도 외도가 성행함을 기록하였습니다. 한편으로 그는 대식(아라비아)의 침입으로 유적의 절반 이상이 파괴되고 다만 북천축과 중앙아시아 지역에서만 불교가 활성하고 있음을 보았습니다. 큰 사원에는 승려가 3,000여 명이나 있어 공양미가 매일 15석이나 소요되는 것, 대소승이 따로 행해지고 있는 것, 간장은 없고 소금만 있는 것, 여러 형제가 한 아내와 같이 살며, 살생하지 않고, 흙으로 만든 솥으로 밥을 짓는 것 등 세세한 일상까지 소개했습니다. 파사국(페르시아)에 대해서도 양과 낙타를 방목하는 모습과 빵과 고기를 먹는다는 것부터 왕에 대한 반란까지 기록하고, 고국 계림(신라)을 그리워하는 시도 썼습니다.

•　•　•

　　2007년 봄 14일 간 불교 성지를 찾아 떠났던 인도 여행에서도, 하루 종일 버스를 타고 이동하던 날 일행에게 이 혜초 이야기를 들려주었다. 요즘 단체로 떠나는 외국 여행은 교통과 숙박이 더 바랄 것 없이 훌륭하다. 그런데도 체중이 수 킬로그램이나 빠졌다. 나에게도 일행에게도 그 긴긴 경로 자체가 고달팠던 것이다. 그 옛날 이 길을 지났을 혜초를 생각하니 왠지 눈물이 날 듯 마음이 저려오고 우리들의 호사가 쑥쓰러워졌다.

오리를 살리고 나라를 얻다

2003년 12월 26일, 계룡산 신원사와 갑사를 다녀왔다.

역사의 흐름과 인간의 운명을 깊이 관찰해보면, 작디 작은 계기가 큰 흐름을 결정짓는다는 것을 알게 된다. 우리 삶의 매 순간과 행위의 결정은 결코 가벼울 수가 없다. 흔히 사주팔자는 전생의 성적표이고, 팔자 도망은 못 간다고 한다. 그러나 그런 사주팔자를 살아서 바꾸는 수단이 바로 적선積善이라고 했다. 그러한 예화를 하나 소개해보았다.

· · ·

주원장朱元璋은 명明나라를 세운 태조로 30년 간 재위했습니다. 그는 한낱 무뢰배로 폭력적이고 잔인했다고 전해집니다. 그러나 나라를 세울 정도의 인물이 그런 면모를 가지지 않았다면 오히려 이상한 일일 것입니다. 폭력과 잔인함만으로는 통하기 어려웠을 테니, 한편으로는 그러한 평가에 대립되는 덕이나 의리, 통찰력도 지녔을 것입니다.

주원장은 원元나라 호주의 빈농 출신으로 17세에 조실부모하고 승려가 되어 탁발을 하며 지내다가 홍건적에 가담, 부장副將인 곽자흥의 눈에 들어 그의 호위대장이자 사위가 되면서 두각을 나타내기 시작했습니다. 무장한 도적떼를 이끌고 원나라 강남의 거점인 남경을 점령하면서 세를 확장하고 두목의 반열에 올랐지요. 그는 중국 대륙의 남쪽을 장악하는 데 성공했습니다. 그러나, 아직 원나라가 북경에 버티고 있었고 중원에는 많은 군웅들이 할거하고 있는 난세였습니다.

그런데 전략적 요충지인 남쪽에 또 다른 영웅이 세를 키워가고 있었으니, 그가 바로 장사성張士誠입니다. 소금중개인이었던 그는 소금광산의 노동자들을 규합해 난을 일으켜 스스로 성왕이라 칭하고 국호를 대주라 하였으며, 한때 원나라를 직접 공격하기도 했습니다. 1356년에는 소주를 함락시키고 나라를 오국吳國이라고 고쳐 불렀습니다. 남경에 근거를 두고 있던 주원장에게는 숙명적 라이벌이자 반드시 넘어야 할 산이었습니다. 두 사람은 이민족의 나라인 원을 중국 본토에서 몰아내고 한漢의 왕조를 회복한다는 공동 목표를 가지고 있었지만, 그 전에 누가 새 왕조를 이끌 것인가를 겨뤄야 했던 것입니다.

1367년, 주원장은 자웅을 겨루는 긴 싸움을 끝내기 위해 대군을 이끌고 장사성의 본진을 치기로 했습니다. 전략상 정면대결로는 승리하기 어렵다고 보고, 적의 후방을 기습하기로 했지요. 그곳은 산으로 막혀 있어 좁은 협곡이 유일한 통로였습니다. 주원장이 대군을 진격시키려고 먼저 정찰을 보내 보고를 들어보니, '장사성의 군대가 기습을 미리 예측하지 못한 듯, 길목을 지키는 사람의 흔적은 그림자도 없고 너무 고요했다'고 합니다. 심지어 협곡을 따라 흐르는 개울가 풀숲에는 오리가 알을 품고 있다고도 했습니다. 부하들은 때가 왔다며 즉시 진군할 것을 주장했습니다. 그러나 주원장은 "그리하면 알을 품고 있는 오리가 병사의 발에 밟혀 죽을 것이므로, 새끼가 부화해 달아날 때까지 기다리라"고 했습니다. 며칠을 그렇게 보낸 후 다시 병사를 보내 오리의 상태를 알아보게 하니, "앞으로도 열흘은 족히 더 기다려야 할 것 같다"고 했습니다. 주원장은 그때까지 군사를 움직이지 말라고 명했습니다.

천하를 도모하겠다는 장사성이 후방통로인 협곡을 그렇게 여러 날 무방비로 비워두었을 리도, 주원장의 동향을 몰랐을 리도 없었을 것입니다. 둘은 한갓 오리 둥지를 빌미로 고도의 심리전을 펼치고 있었던 것입니다.

장사성은 알을 품고 있는 오리 한 마리 때문에 기습을 감행하지 못하고 주저하는 주원장의 소심함과 적절한 때를 알지 못하는 무지를 비웃으면서 군사를 대기시켜두었습니다. 그러나 전의와 긴장의 끈이 먼저 느슨해진 것은 영문도 모른 채 오래 기다린 장사성의 군대였습니다.

적의 우두머리가 오리 둥지 하나 때문에 군대를 움직이지 못한다는 정보는 병사들 사이에 전혀 뜻밖의 반응을 불러일으켰습니다. 고향에 남겨둔 가족을 그리워하는 마음과 한 치 앞의 생사도 알 수 없다는 불안에 요동치는 병사들에게 오리 새끼의 안전까지도 염려하는 지도자는 얼마나 자애롭고 인정 많은 사람으로 느껴졌겠습니까. 장사성의 병사들 사이에서는 주원장이야말로 이 어지럽고 비정한 난세에 몸을 맡길 만한 영웅임에 틀림없다는 생각이 전염병처럼 퍼져나갔고, 결국 내부로부터 동요하기 시작했습니다. 장사성의 부장들이 대거 주원장에게 투항한 것입니다. 이로써 주원장은 화살 한 번 쏘지 않고 전투를 승리로 이끌게 되었습니다. 수족을 잃어 포로가 된 장사성은 자결을 했습니다. 주원장은 이 여세를 몰아 각처의 군웅들을 굴복시킨 뒤, 1368년 원나라를 몰아내고 중국을 통일했습니다.

물론 이 이야기는 승려 생활을 했던 주원장의 자비심을 강조하기 위해 누군가 꾸며낸 이야기일 수도 있습니다. 다만 대륙을 통일할 만한 인물이라면 이 정도의 여유와 지혜 그리고 사람의 마음을 움직이는 능력이 있었으리란 가정에서 비롯된 얘기니 완전히 터무니없다 할 수는 없습니다. 말하자면 명나라 태조는 알을 품은 오리를 불쌍히 보살펴준 자비공덕으로 천하를 얻은 것입니다.

● ● ●

이런 류의 이야기를 하고 나면 일행들의 행동이 매우 진지하고 적극적으로 변하는 것을 볼 수 있다. 버스 안에서 서로를 배려하는 태도부터 달라진다. 일상에서의 사소한 자비심이 크나큰 보상을 가져온다는 확신만 있다면 누구나 다 쉽게 부처가 될 수 있지 않을까.

삶보다 슬픈 꿈

2003년 5월 25일, 산청 대원사와 겁외사를 돌았다.

지리산의 봄이 계곡물 소리에 흠뻑 묻어 흩어지는 대원사는 비구니 사찰이다. 비구니 사찰에는 따로 공양주 보살을 두지 않기에 손님들에게는 밥을 해주지 않는다. 향내 배인 맛있는 절밥으로 속인들을 유인하는 절들이 있는 반면, 이런 절에서는 수도하는 승려가 어찌 속인들에게 밥을 바치랴 하는 것이다. 나름의 이유와 논리가 있으니 가타부타할 계제는 못 되리라. 다행히 절에서 밥 먹을 장소는 빌려준다고 했다. 일행은 그날 먹을 조촐한 도시락을 마련했고, 나는 그 유명한 '조신의 꿈' 얘기를 법문으로 준비했다.

• • •

일연—然 스님이 1281년 편찬한 《삼국유사》 제3권 〈탑상塔像〉 제4편

낙산사 전설에 이어서 나오는 글입니다.

신라시대 서라벌의 세달사世達寺는 명주 남리군에 넓은 영토를 소유하고 있었는데, 그곳 관리인으로 젊은 승려 조신調信을 파견했습니다. 젊었던 조신은 낙산사에 다니며 예불을 드리던 태수 김흔의 딸을 보고는 사모하는 마음을 품게 되었습니다. 그는 낙산사 관음보살에게 그녀와 인연을 맺게 해달라고 자주 빌었습니다. 그런데 얼마 가지 않아 그녀에게는 배필이 생겼습니다. 조신은 크게 낙담하고 관세음보살을 찾아가 원망하며 슬프게 울었지요. 그러다 선잠이 들었는데, 꿈에 김씨의 딸이 나타나서 말했습니다.

"저는 일찍부터 스님을 잠깐 뵙고 마음으로 사랑해 잠시도 잊지 못하였으나, 부모의 강권을 못 이겨 억지로 딴 사람에게 시집가게 되었습니다. 몰래 도망쳐나와 스님과 부부가 되기를 원해 이렇게 찾아왔습니다. 같은 무덤에 묻힐 벗이 되고 싶습니다."

당장 두 사람은 고향으로 돌아가 40여 년을 같이 살면서 자식을 다섯 두었습니다. 그러나 사는 형편은 너무 어려워 고향을 떠나 10여 년간 초야를 두루 다니니 입에 풀칠도 제대로 못하고 옷이 없어 몸도 제대로 가리지 못했습니다. 해현령을 지날 때 열다섯 살 난 큰아이가 굶주림을 못이겨 죽어나니, 통곡하면서 땅에 묻었습니다. 우곡현에 당도해 떼풀을 엮어 집을 짓고 사는데, 이미 부부는 늙고 병이 들었습니다. 열 살 난 딸이 구걸을 해 겨우 먹고 사는데, 그 딸도 동네 개에 물려서 드러눕게 되었습니다. 그때 아내가 말했습니다.

"내가 처음 그대를 만났을 때는 얼굴도 아름답고 나이도 젊었으며 입은 옷도 깨끗했습니다. 한 가지 맛있는 음식도 그대와 나누어 먹었고 옷 한 가지도 그대와 나누어 입어 집을 나온 지 50년 동안 정은 깊어졌고, 사랑도 굳게 얽혔으니 참으로 두터운 인연이라 하겠습니다. 그러나 근년에 와서는 몸이 쇠약하여 병이 해가 갈수록 깊어지고 굶주림과 추위가 날로 더욱 심해지니 남의 집 곁방살이나 변변찮은 음식조차도 빌어 얻을 수가 없게 되었으며 문전마다 걸식하는 부끄러움은 산더미보다 무겁습니다. 아이들이 추위에 떨고 굶주려도 미처 돌봐주지 못하는데 어느 틈에 부부의 정을 즐길 수가 있겠습니까? 붉은 얼굴과 예쁜 웃음도 풀잎에 이슬이요, 지초와 난초 같은 약속도 바람에 흔들리는 버들가지입니다. 당신은 내가 있어 더 누가 되고, 나는 당신이 있어 더욱 근심이 됩니다. 가만히 지난날의 기뻤던 일을 생각해보니 그것이 바로 근심의 발단이었습니다. 그대와 내가 어찌해서 이런 지경에 이르렀습니까? 여러 마리의 새가 함께 굶어죽는 것보다 차라리 짝 잃은 난새가 거울을 향하여 짝을 부르는 일이 나을 것입니다. 추우면 버리고 더우면 따르는 것은 인정에 차마 할 수 없는 일이지만, 행하고 그치는 것은 사람 마음대로 할 수 없는 것이고 헤어지고 만나는 것도 운수가 따르는 것입니다. 청컨대 부디 헤어집시다."

이렇게 둘은 각각 먹고살 길을 찾아 자식 둘씩을 데리고 헤어지고 말았습니다.

조신이 이별 길에 슬피 울다 눈을 뜨고 보니, 법당 안엔 희미한 등

불이 어른거리고 날이 새려 하고 있었습니다. 그대로 하염없이 앉아 있다가 아침이 되어 자기 얼굴을 보니 수염과 머리가 하얗게 세어 있었습니다. 문득 관세음보살 뵙기가 면구스럽고 부끄러웠습니다. 망연히 세상일에 뜻이 없어지고 마치 한평생의 고초를 다 겪어낸 것 같았지요. 재물을 탐하는 마음도 없어져 장원 관리를 사임하려고 본사로 돌아오는 길에 꿈에 큰 자식을 묻었던 해현령의 땅을 파보니 작은 돌미륵이 나왔습니다. 그것을 근처 절에 소중히 모시고, 서라벌에 정토사를 세워서 부지런히 착한 일을 했다고 합니다.

일연은 이 글을 옮기고 논평하기를 "이 전기를 읽은 뒤 책을 덮고 지난날을 생각해보니 어찌 조신의 꿈만이 이렇겠는가. 지금 모두가 속세의 즐거움만 알아서 기뻐하기도 하고 서두르기도 하지만, 이것은 다만 깨닫지 못한 탓이다."라고 했습니다.

• • •

얘기가 끝난 것은 산청을 지날 때쯤이었다. 길 옆으로 푸른 남강의 지류가 흐르고 봄꽃들이 흐드러졌는데, 일행 중 몇 명은 가느다란 한숨을 쉬고 있었다. 이미 중년을 훌쩍 넘겨 삶의 곤곤함을 겪어보았기 때문일까. 봄의 화사함 속에서도 겨울의 황량함을 보는 연민을 나누었다.

테레사 보살

2007년 8월 26일 포항 오어사 吾魚寺를 찾았다. '오어'는 '내 물고기'라는 뜻인데, 원효와 혜공이 내기를 하며 '네가 눈 똥이 내가 잡은 물고기다 汝屎吾魚'라고 한 《삼국유사》의 전설에서 연유한다. 무릇 똥과 물고기가 서로 다르지 않으니, 어찌 진리가 책이나 깨달은 자의 말에만 있겠는가. 부처의 종자가 따로 없는데, 보살이 불교에서만 나오랴. 삼라만상이 그대로 진리고, 마음먹는 대로 부처와 보살이 나타나는 것이리라. 나는 테레사 수녀의 얘기를 꺼내기로 했다.

• • •

1910년 8월 27일 유고슬라비아에서 태어난 테레사 수녀는 1948년부터 1997년 9월 5일 선종할 때까지 50년을 인도의 캘커타에서 가장 가난하고 천대받는 사람들을 위해 헌신하고 봉사했지요. 그래서 그는

'빈자의 성녀'라고 불렸습니다. 1979년 노벨평화상을 받았고, 사후엔 2003년 로마 교황청으로부터 복자福者(성인聖人의 전 단계)로 추대되기도 했습니다.

생전에 소개된 영상으로 보면 그의 모습은 왜소하고 초라하기 그지 없습니다. 그는 인간의 위대함은 겉모습이 아닌 내면과 행동에서 나온다는 사실을 여실히 보여준 영웅이었습니다. 테레사 수녀의 존재와 행적은 오랫동안 가톨릭이라는 종교의 거룩함을 입증하는 상징이었습니다.

테레사 수녀가 창립한 '사랑의 선교회' 소속 브라이언 콜로디척 신부가 쓴 책《내게 빛이 되어 오소서Mother Teresa: Come Be My Light》는 테레사 수녀의 인간적인 고민과 갈등까지 그대로 담아냈다고 합니다. 저자는 그를 성인으로 추대하기 위해 자료를 수집하던 과정에서 테레사 수녀가 여러 신부들에게 보낸 편지들도 확보했던 모양입니다. 사실 그는 그러한 편지들이 없어지기를 바랐다고 합니다. 테레사 수녀의 내적인 갈등이 너무나 솔직히 적혀 있었기 때문입니다.

이 책에서 화제가 된 대목은, 테레사 수녀가 인도에서 봉사하는 동안 신앙의 위기를 겪으면서 신의 존재 자체를 의심하기도 했다는 부분입니다. 그의 고백을 보면, 신의 존재를 느낀 적이 없다고도 했고, 자신이 겪은 내적 고통을 지옥에 비교했으며, 천국과 신의 존재에 대해 회의했다는 것입니다.

생의 마지막까지 한결같이 가장 낮은 곳으로 임하며 쉬지 않고 기도하고 하느님을 찬양했던, 누구도 따라올 수 없을 듯한 열정으로 삶을 살았던 자의 심경이라고 믿기 어려웠을 겁니다. 생전에 행한 그의 공식적인 발언과 비교하면 더욱 그렇습니다. 그는 노벨평화상 수상 연설에서 "예수 그리스도는 우리의 가슴속, 우리가 만나본 가난한 사람들, 우리가 주고받는 웃음 속 등 모든 곳에 존재한다"고 말했습니다. 그러나 바로 3개월 전인 1979년 9월 자신의 고해신부에게 보낸 편지에서는 다음과 같이 썼습니다.

예수님은 당신을 특별히 사랑하십니다. 그러나 나에게는 침묵과 공허함이 너무 커서 보려고 해도 보이지 않고 들으려 해도 들리지 않습니다. 기도하려고 해도 혀가 움직이지 않아 말을 할 수 없어요.

그보다 23년 전인 1956년 페리에 대주교에게 보낸 편지에선 "마치 모든 것이 죽은 것처럼 내 안에 너무 끔찍한 어둠이 있습니다."라고 썼고, 1959년 파키커 신부에게는 "내 영혼에 왜 이렇게 많은 고통과 어둠이 있는지 얘기해주세요."라고 하소연합니다.

이 책을 두고 세간에서 저마다 구미에 맞도록 해석하는 모양입니다. 무신론자들은 "종교라는 것이 인간이 만든 허구일 뿐이라는 사실이 입증됐다"고 하고, 저자를 비롯한 성직자들은 "테레사 수녀는 '그리스도의 사랑을 전혀 느끼지 못하면서도 매일 새벽 4시 30분에 일어나 내가 원하는 것은 당신의 행복뿐'이라고 기도했으며, 기독교인이라면 누구나 겪는 신앙 속의 어둠을 평생 껴안고 살면서도 믿음으로 충만한 궁극적인 구원을 이루어냈다"며 강변했다고 합니다.

신을 믿는 종교에서는 신은 이성이나 지식의 영역이 아니라 영적인 영역에서 이해되고 체험하는 것이라고 합니다. 영성이란 인간의 한계를 넘나드는 특별한 능력이 아닙니다. 사실 인간 누구나 지니고 있는 성정의 일부이며 종교나 신 없이도 존재하고 발현되는 것입니다.

테레사 수녀의 인간적인 고백을 접하면서, 나는 오히려 그녀가 더 위대하고 친근하게 느껴집니다. 보지 못한 것을 보지 못했다 하고, 찾지 못한 것을 찾지 못했다 하고, 고통을 지옥이라고 말하는 것은 정직입니다. 가면을 쓰고 거짓 웃음을 흘리면서 자기가 신의 편에 섰다고 위장하지 않았기에 그녀는 편안하고 따뜻한 사람일 수 있었던 것입니다.

세상은 종교라는 이름의 비판받지 않는 성역을 만들고 그 안에 사람들을 불러 모아 신의 이름으로 말을 지어내고 능력을 연출하고 거짓 약속을 쏟아냅니다. 죽음과 불안이라는 인간의 약점을 파고들어 돈을 벌어보려는 장삿속도 넘쳐납니다. 나약한 인간들은 다투어 신을 찬양하고 저만 잘살아보겠다는 지독한 기복祈福에 빠져 은혜와 응답을 위증합니다. 결국 자기의 공허를 메우려고 패거리를 만들고 배타성과 공격성을 드러내기도 합니다.

그러나 테레사 수녀는 바보스러울 만큼 순수했습니다. 우직하고 끈기 있게 남을 위해 살았습니다. 그녀가 그토록 사랑받기를 원했던 절대자로부터 아무런 응답도 대가도 받지 못하는 어둠과 고통 속에서도 한결 같았습니다. 남을 위해 베풀되 베푼다는 생각도 남기지 않는 행위를 불가에서 '보살행' 이라고 합니다.

테레사 수녀, 그는 정녕 테레사 보살입니다.

• • •

모든 산줄기가 산맥의 정점에서 만나고 수천의 강물이 바다에서 하나가 되듯 작은 것은 서로 다투고 차별하지만 큰 것은 시비를 가리지 않는다. 진정한 성인聖人이나 진실로 깨달은 자 그리고 자신을 크게 비운 자가 만난다면 그들은 모두 한 마음일 것이다.

일행의 박수소리가 오늘따라 유난히 크고 오래 갔다.

제발 빨리 죽어주세요

2006년 11월 23일, 고성 옥천사를 방문했다. 옥천사는 광복 이후 불교정화운동의 선봉장이었던 청담선사가 삭발한 곳이고, 그의 사리탑과 비碑가 있는 절이다.

돈과 자식이란 세속을 사는 우리들에게 끈질긴 화두다. 이 두 가지는 따로 존재하는 것이 아니라 거의 항상 함께 간다. 돈이 있어야 자식을 제대로 키울 수 있을 것 같고, 자식을 다 키우고 나서도 자식한테 보태줄 재산이나마 좀더 모으기 위해 아등바등 살아간다. 우리 모두가 어느 정도는 겪었기 때문에 나름의 전문가이면서, 또 모두가 여전히 어찌할 바 모르는 서툰 과제이기도 하다.

• • •

2006년 6월 서울의 어느 유명 교회에서 젊은 신도들을 상대로 설문

조사를 했다고 합니다. 그중에 자기 부모가 몇 살까지 살았으면 좋겠냐는 질문이 있었습니다. 많은 이들이 '60세'라고 적었다고 합니다. 서울 강남, 땅값 집값 비싼 동네의 때깔 좋은 아이들에게서 나온 답입니다.

하긴 돈 많은 늙은 부모가 금고를 꿰차고 앉아 요것조것 따지기만 하고 돈은 감질나게 내놓으면서 오래 살려고 기 쓰는 모습을 보고 있자면 밉기도 할 것입니다. 그나마 돈도 없이 오래 살면 그런 천덕꾸러기가 따로 없을 테지요. 오래 사는 것이 눈치 보이는 세상입니다. 성질 급하고 간 큰 사람들은 배우자 앞으로 생명보험을 듬뿍 들어놓고 청부 살해도 해버리는 세상입니다. 아들이 부모를 몰살하는 사건도 있었습니다. 이런 극단적인 예가 아니더라도, 부자인 부모가 너무 늙어서 골골대며 성가시게 하거나 돈만 까먹기보다는 유산 잘 물려주고 깨끗이 가버린다면 젊은 호시절 마음 놓고 돈도 펑펑 쓰고 원하는 대로 투자도 해봄직한데, 하고 생각할 수도 있겠지요.

그래도 요즘 같은 때에 부모 나이 60세에 사별하고 싶다는 건 너무하지 않나요. 옛날에야 고려장 할 나이였다지만, 지금은 평균 수명이 80세에 육박하지 않습니까. 요즘 환갑이면 전혀 노인처럼 보이지도 않습니다. 60세란 나이, 언뜻 닥치고 금세 지나갈 뿐입니다. 젊을 때에는 강산이 몇 번 변하는 긴 세월로 여기지만, 살아보면 그렇지도 않습니다. 대통령 한 번 바뀌면 5년이고, 운전면허증 갱신하는 데 9년입니다.

지금 나이든 사람들은 열심히 일해서 일구면 배부르고 돈 많고 행복해지는 줄 알고 달려왔는데, 당도한 지점은 그게 아닌 것 같습니다.

존재 가치가 무시되고 효용과 시장가치만 따져지는 이 시대의 모순은 돈 많은 사람들이 돈을 불려 모으기 위해 누리고 조장해온 부조리의 업보입니다. 작용에는 반드시 상응하는 반작용이 있듯이, 기성 세대가 저지른 탐욕과 냉혈적 이기주의의 대가를 그들이 가장 사랑하는 상속인들에게서 돌려받는 것입니다. 원인 없는 결과는 없습니다. 뿌린 대로 거두는 것입니다.

이러니 차라리 옛날이 더 살 만한 시대였다고 생각하게 됩니다. 마을마다 촘촘히 들어선 교회당, 불사에 바쁜 절간이 늘어나도 사회가 더 나아지는 것 같지는 않습니다. 종교 자체가 돈을 끌어모으고 세를 불리는 데만 앞장서면서, 그 신도들이 인간관계보다 돈벌이와 재산에 더 관심을 둔다고 비난하고 계도할 수 있을까요.

물론 늙어서까지 너무 많은 돈을 끌어안고 있는 사람들도 각성할 일입니다. 대체로 늙어질수록 노욕이 발동해 더 가지려고 합니다. 돈으로 사람을 부리고 지배할 수 있다는 사실도 너무 잘 압니다. 그야말로 돈 굴리는 맛, 돈 쓰는 맛을 아는 것이지요. 노인들끼리 서로 가르치는 지혜라고는 고작 '죽을 때까지 쥐고 있어야 대접 받는다' 는 것뿐입니다. 어떤 사람은 자녀들이 찾아올 때 서랍에서 통장들을 꺼내 만지작거린다고 합니다. 그렇게만 해도 자식들이 부모 찾아오는 횟수와 태도가 달라진다고 하지요.

최근 신문에는 세 아들과 딸을 두고 부유하게 살던 노부부가 갈 곳이 없어 아들집 냉방에 한 달을 버려졌다가 남편은 동사하고 부인만 겨우 살아났다는 얘기가 실렸습니다. 7개월 만에 소생한 어머니는 아들을 고소하면서 "우리 아이들이 참 착하게 자랐는데!"라는 회한의 절규를 쏟아놓았다고 합니다. 과연 착하던 그 아이들을 그토록 모질게 바꿔놓은 것이 무엇인가 다시 생각해보지 않을 수 없습니다.

사람을 사람으로서 존중하고 불쌍히 여기고 보듬어야 합니다. 이것은 관념적 수사가 아닙니다. 그것만이 서로 사는 상생의 길입니다. 살아 있을 때 가급적 베풀고 늙어가면서 가진 것을 최소한으로 줄여 나가야 합니다. 자식들에게 물려줄 것도 재산이 아니라 사람 사는 도리와 인정입니다.

필요와 불필요, 이로운 것과 해로운 것을 재빠르게 분별해내는 것은 재주가 아닙니다. 그야말로 단견과 어리석음이 빚어내는 착각입니다. 성숙한 사람이라면 불필요한 것에 의지해서 필요한 것이 존립하고, 이로운 것과 해로운 것이 동전의 양면이라는 사실을 알아차릴 수 있을 것입니다.

● ● ●

나이가 들면서 늙으신 부모가 노쇠한 몸을 힘들어 하시고 생에 대한 서글픔과 체념 같은 것을 토해내시는 것을 보면 때때로 부담스럽기도 하지만 가련하고 안타까울 때가 많다. 살아보면 사랑이니 보시니 하는 것이 오히려 가까운 사람에게는 잘 되지 않는 법이다.

이 말에 모두들 맞다고 맞장구를 쳤다.

자식이라는 상전

고성 옥천사 가는 길에 '부자富者의 아들'이란 주제로 이야기를 했더니, 귀경길은 자식 이야기로 설왕설래였다.

한두 자녀 이상을 시집 장가보낸 50~60대가 주류기 때문에, 이제 자식 문제에 대해서는 다들 할 말이 많다. 온갖 갈등에도 이골이 났다. 이 모임 초기에 데려오기도 했던 꼬마나 고등학생들이 벌써 대학생이 되고 결혼도 했다. 지난날 정답게 손을 붙잡고 다녔던 그 애들 흉을 보기 시작한다. 말을 안 듣고 제멋대로이고 결혼시켰더니 야속하고 배은망덕이란다.

이런 푸념과 자조는 어디에나 있는 것 같다. 계모임, 찜질방, 미용실, 회식자리 어디서든 그렇다. 어른 공경과 효孝를 엄격한 가치로 배웠던 세대와 부부 중심의 핵가족에서 자유분방하고 이기적으로 자란 새 세대 간의 단절이 빚어내는 파열음 같은 것이다.

모든 의식구조와 가치 기준은 현실과 실랑이를 하다가 타협하고 순응하면서 안착한다. 이제 부모들도 자식들만큼이나 영악해졌다. 자식들에게 의지하지 않는 대신 재산도 물려주지 않겠다는 것이다. 이런 세태의 변화는 타락이라기보다는 순응의 결과일 뿐이다. 농토를 중심으로 가족이 서로 의지하고 협동하던 시대는 지났다. 개인의 삶은 이제 자본주의라는 바다에 흩어져 부유한다. 말하자면 뭉쳐야 사는 환경이 흩어져야 사는 환경으로 바뀐 것이다.

　늙은 부모들도 이것을 안다. 다만 자신은 부모와 자식 모두에게 희생만 했는데 보상받지 못하게 돼버린 상실감과 미처 준비하기도 전에 닥친 노년의 불안이 중첩되어 분노하고 허탈해하는 것이다. 요즘 노인은 부모를 모시거나 시집살이를 하던 마지막 세대고, 자식으로부터 소외감을 느끼는 첫 세대가 된다. 이런 억울함을 이야기하다보면 어찌 그리 서로 같은지, 맞장구를 칠 수밖에 없다.

　스님들은 법문을 통해 부모 자식 간 문제를 쉽게 정의한다. 자식은 전생의 빚을 받으러온 빚쟁이라는 것이다. 더러는 원수를 갚으러 오고, 때로는 은혜를 못다 갚아 찾아오는 것이다. 이것은 불교적 인과론과 윤회輪回의 법칙에서 보면 너무 당연하고 단순한 원리다. 또한 자식의 효도라는 것은 태어나서 첫 5년으로 끝난다고 한다. 방실거리며 웃고 걸음마하고 말 배우는 것을 보며 한없이 사랑스럽고 좋았던 마음 그리고 아기를 키우며 떠맡은 역할에서 느끼는 자부심이 바로 자식의 효도다. 그 이상의 관계는 먼저 말한 인과응보의 셈법에 따라 주고받는 것이다.

이러한 논리를 실증할 방법이야 없지만, 이런 식으로 생각해버리면 자식 때문에 겪는 모든 일이 단순해지고 쉽게 납득이 된다. 이것이 이해되면 기대도 없어지고 불만도 사라진다. 우리 일행이 자식 이야기를 할 때에는 그것이 흉이건 자랑이건, 결혼하지 않았거나 자식을 두지 않은 분들의 눈치를 다소 보게 된다. '무자식이 상팔자'라는 말은 꼭 그러한 분들에게 위로로 하는 말이 아니다. 자식을 키워보니 정말로 그렇다.

스님들은 또 이렇게도 정리한다. 태어났으니까 죽음이 있는 것처럼, 낳았으니까 성가시게 하는 것이다. 원인 없는 결과는 없다는 말이다. 자식 때문에 일어나는 걱정과 분함은, 키워주고 공부시켜준 것으로 채권ㆍ채무가 다 상쇄했다고 정리하자. 제대로 자식 노릇하기도 힘든 세상이지만 부모 노릇 잘하기가 더 어렵다는 사실에 생각을 멈추어야 한다. 낳는 일은 아무나 하지만 좋은 부모는 아무나 되지 않는다. 문제의 원인을 외부에서 찾지 않고 나의 문제로 귀결시키는 것이 우리가 불법을 공부하는 요체다.

한 여성분의 담담한 자기 고백이 그날 있었던 분분한 '자식 담화'의 백미였다.

그녀의 어머니는 20대에 홀로 되어 남매를 키웠다고 한다. 어릴 때

외할머니나 이모들이 엄마에게 재혼하라고 부추기는 것을 볼 때마다 너무 불안했다고 한다. 엄마가 자신들을 버리고 가버릴까봐 겁이 났던 것이다. 그런 어머니가 그녀와 남동생을 차례로 결혼시키고 난 뒤 50줄에 접어들자 주변에서는 더 성화였다고 한다. 이제 아이들도 다 제 살길 찾았으니 더 늦기 전에 좋은 사람 만나 재미있게 살라고 말이다. 그럴 때마다 그녀는 사람들이 야속했고, 어머니에게 "주책없이 그런 말에 넘어가지 말라"고 다짐을 받았다고 한다. 세월이 흘러 그녀도 환갑이 넘었고 어머니는 돌아가셨다. 그녀는 이렇게 말했다.

"나는 아직 젊고 욕망도 있고, 한참을 더 신나게 살 것 같아요. 지난날 어머니를 늙었다고만 보고 조금만 곱게 차리고 나들이를 가셔도 불안했던 그때를 생각하면 너무 미안합니다. 다시 그 시절로 돌아간다면 내가 나서서 꼭 어머니를 시집보낼 겁니다. 그런데 너무 늦어버렸네요."

모든 것은 너무 늦게 안다. 살아보고 나서야 삶을 안다. 안다는 것은 기상천외한 깨달음을 얻는 게 아니다. 너무나 당연하고 단순한 이치를 조금 먼저 터득하는 것이다. 잘못 가지 않고 후회하지 않는 것이 먼저 안 것에 주어지는 보답이다. 제때에만 알아도 철이 들었다고 한다.

신이 없으면 또 어떤가

2007년 4월 22일, 2년 전의 산불로 당우의 대부분이 불타 잿더미가 되어버린 낙산사를 찾았다. 복원공사에 힘도 보태고, 기원도 하고, 그 와중에도 온전히 남은 홍련암도 둘러볼 참이었다.

• • •

'정말 신神이 있을까?' 라는 질문에는 어떤 반응들이 나올까요. 한 부류는 '이런 물음은 믿음과 영적 성장이 없는 어리석은 자의 의심이다, 신은 당연히 존재할 뿐 아니라 지금 바로 여기에 살아 있는 신을 느낀다' 고 주장할지도 모릅니다. 또 다른 부류는 '신이란 인간이 꾸며낸 존재이며 신을 팔아서 돈과 권세를 누리는 성직자의 속임수' 라고도 할 것입니다. 그저 '알 수 없는 것' 이라며 외면하는 사람들도 있을 것입니다.

인간에게 엄청난 영향을 끼쳐왔으면서도 영원히 풀리지 않는 신의 존재에 대한 물음을 최근에 언론에 기사화된 논쟁으로 접근해봅니다. 2007년 4월 시사주간지 〈뉴스위크Newsweek〉의 표제는 두 문장으로 되어 있었습니다.

> 모든 사람에겐 신이 필요하다. - 호메로스, BC 800년경
> 신의 존재를 믿지 않는 사람도 있다. - 플라톤, BC 400년경

특집 리포트로 구성된 내용은 《신의 종말》과 《기독교 국가에 보내는 편지》라는 베스트셀러를 쓴 무신론자 샘 해리스와 캘리포니아 주에 있는 교회 목사 릭 워런을 초청하여 존 미첨이라는 기자가 이끌어간 대담입니다.

기사는 서두에서 "고대부터 있어왔던 신의 존재에 대한 의문은 최근에도 여전히 새로운 힘을 얻고 있는데, 이는 종교가 우리 사회에 과도한 영향을 행사한다는 우려가 커져간다는 뜻"이라고 풀이했습니다. 두 사람의 대화는 현재 미국에서 일어나는 종교적 충돌의 본질을 밝혀준다는 것이지요.

사실 미국을 비롯한 서양 사람들의 저술이나 논쟁을 보면, 생소함이나 소외감을 느낄 때가 많습니다. 중세 1,000년의 암흑기를 겪는 동안 신에 깊이 종속된 그들의 문화와 사고에는 뿌리 깊은 고정관념이 내재되어 있다는 생각이 듭니다. 거기에다 문화적 우월주의에 빠져서

다른 세계는 아예 없는 것처럼 가정하는 태도도 자주 보입니다. 때로는 빵과 고기를 주식으로 하는 그들이 우유나 향료를 놓고 다투는 일을, 밥과 김치를 먹고 사는 우리가 구태여 이해하려고 애쓰는 것 같은 기분입니다.

그들이 논하는 유신론이니 무신론이니 하는 것들은 이미 신의 존재를 전제로 한 발상입니다. 그것도 '야훼' 라는 신에 국한된 언쟁이지요. 신이 처음부터 개념 속에 존재하지 않은 경우라면 이런 논쟁도 필요가 없습니다. 그것은 토끼의 뿔이 몇 개냐를 놓고 티격태격하는 격일 것입니다.

그런데도 여기서 그들이 공유하고 있는 편향을 감수하면서까지 그들의 말에 관심을 두는 데는 이유가 있습니다. 신에 대한 강고한 믿음을 가지고 배타적인 선교를 함으로써 세상을 더 깊은 분쟁의 수렁으로 이끌고 있는 그들 내부의 균열을 볼 수 있기 때문입니다. 한편으로는 문화적 선점자를 자임하는 그들이 자신의 사고대로 역사와 진리를 재단하는 데 대한 저항적 관찰욕이 생겨나기도 합니다.

다음은 이들의 대담을 발췌하여 간추린 것입니다.

기자 대다수 미국인이 생각하는 의미의 신이 존재하는가?

무신론자 그런 신이 존재한다는 증거는 없다. 제우스를 비롯해서 많은 신은 죽었다.

목사 도처에서 신의 흔적을 본다. 문화, 법, 문학, 자연, 내 삶에도 있다. 신이 어디 있는지 이해하려는 시도는 개미가 인터넷을 이해하려는 것과 마찬가지다.

무신론자 우리 자신에 관해 성경은 제대로 설명해주지 않는다. 우주론에서 심리학과 경제학에 이르는 특정 학문들은 성경의 진실을 능가하거나 대치했다.

기자 신이 《성경》을 썼다는 것을 사실로 믿어야 하나?

무신론자 여러 가지 시각이 있다. 내 생각에는 성서와 코란은 인간의 손으로 쓴 책에 불과하다. 성경에는 정말로 뛰어나고 시적으로 비할 데 없이 아름다운 부분이 있는가 하면, 말도 안 되는 횡포임에도 불구하고 신의 도덕률입네 하는 부분도 있다.

기자 천지창조가 〈창세기〉에 나온 대로 이루어졌다고 믿나?

목사 진화론을 믿냐는 질문이라면 난 믿지 않는다. 신이 한 순간 인간을 창조했다고 믿는다.

무신론자 적자를 선택하는 환경의 압력 속에서 수백만 년에 걸쳐 무작위로 돌연변이가 발생해 진화해온 것이다.

목사 그 선택은 누가 하나?

무신론자 환경이다.

목사 나는 매일 신과 대화한다. 그분이 내게 말한다.

무신론자 무슨 뜻인가?

목사 신의 존재를 보여주는 훌륭한 증거는 기도에 대한 화답이다.

기자 신은 왜 어떤 기도는 들어주고 어떤 기도는 들어주지 않는가?

목사 나는 신의 선의를 믿으며 그분이 나보다 잘 안다고 생각한다. 신이 알았다고 하는 때가 있고 안 된다고 하는 때가 있으며, 기다리라고 하는 때가 있다.

무신론자 당신이 예수가 신의 아들이라고 믿는 이유는 복음서가 그렇게 기술하고 있기 때문인가?

목사 이유 중 하나다.

무신론자 다른 종교의 문헌을 보면 예수의 기적 못지않게 신기한 기적 이야기가 많다. 현시대의 기적도 있다. 인도 남부의 현자인 샤티야 사이바바가 동정녀에게서 태어났으며 죽은 자를 일으켜세우고 사물을 만들어낸다고 믿는 사람이 수백만 명이다. 실망스럽지만 그는 무대 마술사다.

기자 기독교는 때때로 비열할 정도로 못되게 굴었다.

목사 신이 승인하거나 옹호하지 않았는데 신의 이름으로 저지른 짓에 대해 변명할 책임은 없다.

무신론자 당신이 무슬림이 되지 않는 이유는 그들이 조물주의 완벽한 말씀이 담겼다고 하는 《코란》이 증거로 뒷받침되지 않은 주장이기 때문이다. 만약 증거가 있다면 무슬림으로 개종할 것이다.

목사 맞는 말이다.

무신론자 따라서 당신과 나는 이슬람을 상대로 무신론의 편에 선다.

목사 우리는 둘 다 신앙의 관계에 선다. 당신은 신이 없다는 신앙을 가졌다.

무신론자 세계 종교를 보면 수많은 선지자가 있다.

목사 이 점이 다르다. 예수는 "나만이 하나님께 이르는 길이다. 내가 아버지께 이르는 길이다."라고 말했다. 거짓말 아니면 참말 둘 중 하나다.

무신론자 솔직히 예수가 동정녀에게서 태어났음을 확신한다고 말한다면 지적으로 부정직하다.

목사 그건 신앙으로 받아들였다. 오히려 그런 일이 일어나지 않았다고 말하는 당신이 부정직하다고 본다. 세계 인구의 대다수가 신자인데도? 그러면 다른 사람들은 모두 바보인가?

무신론자 사람들 대부분이 잘못 생각할 가능성이 있다. 진화를 믿지 않는 대다수 미국인처럼.

기자 만일 인도와 이란에서 태어났다면 다른 신앙을 가졌을까?

목사 출생지가 최초의 신앙에 영향을 미친다는 데는 의문의 여지가 없다.

무신론자 신이 자신의 존재 여부를 확실하게 보여주지 않는 세상을 설계했다면 공평한가? 단순히 잘못 태어났기 때문에 무슬림이라는 엉터리 종교에 오도되는 세계를 만들어놓았는데, 이것이 공평한가?

목사 진실을 말하자면 종교는 상호배타적이다. "모든 종교를 믿는다"고 말하는 사람은 천치다. 종교는 명백히 서로 배척하기 때문이다. 윤회나 천국을 동시에 믿는 것은 불가능하다.

무신론자 신과 영적체험과 윤리를 논하는 규칙에 토대하지 않고도

영성은 얼마든지 가능하다. 불충분한 증거를 토대로 신앙을 가져야 할
이유는 없다.

목사 인간에 영혼이 있다고 믿나?

무신론자 난 모르겠다.

목사 영혼도 없이 영성이 어디서 나오나?

무신론자 우주와 하나 되는 기운을 느낄 수 있다.

목사 당신은 생각보다 더욱 영적이다.

무신론자 내가 확실히 모르는 사항을 아는 체하고 싶지 않다.

목사 우리는 모두 도박을 하는 셈이다. 나는 인생을 걸고 예수가 거
짓말쟁이가 아니라는 도박을 한다. 우리가 죽을 때 만일 당신이 옳다
고 해도 난 손해볼 게 없다. 대신 내가 옳다면 당신은 몽땅 잃는다. 나
는 그런 도박을 하고 싶지 않다.

● ● ●

기사를 모두 읽었을 때 일행들은 깊은 생각의 수렁에 빠지는 듯했
다. 우리는 영원히 풀 수 없는 숙제를 공유하고 있는 것이다. 그러나,
정말 신이 없으면 또 어떤가.

2부

비: 마음의 밭을 적시는 소리

비구니 스님의 수다

2000년 5월 21일 청도 운문사와 사리암을 찾았다.

눈에 덮여 사위가 고요한 겨울날, 남향문 창호지로 햇볕이 가지런히 스며들고 노란 장판이 곱게 깔려 있는 시골집 안방에 들어섰을 때 안겨오는 따스함과 편안함. 바로 운문사가 주는 느낌이다. 비구니 스님들이 공부하는 강원인데, 매년 각 사찰에서 선발된 50명이 4년 간 공부하는 대학교인 셈이다. 절집에 들어서면 이들 비구니 학인들이 일구어놓은 독특한 분위기를 느낄 수 있다. 살림채나 공부하는 데까지는 일반인의 출입이 허용되지 않아 법당 마당을 걷다가 문틈이나 담장 사이로 얼핏 보이는 광경들로 미루어 짐작해본다. 댓돌 위에 가지런히 놓인 하얀 고무신으로 청결함과 정돈된 분위기를 훔쳐볼 수 있다. 고요하고 정갈하고 엄정하다.

떠나기 며칠 전 총무스님에게 우리 일행의 방문을 연락해둔 덕에 야무진 학인 비구니 한 분이 우리를 맞아주었다. 수줍게 합장하고 절의 구석구석을 돌며 불상과 탱화, 건물이며 탑에 대해서 설명을 하는데 공부 잘하는 모범생처럼 교과서에 적힌 그대로 빠뜨린 것 없이 모두 이야기할 작정인 듯했다. 그러다보니 시간이 흐르는 것도 아랑곳하지 않았고 듣는 사람들이 오히려 안쓰럽고 미안해질 지경이었다. 공부하는 재미를 맛보기 시작했을 때의 그 희열을 다른 사람들에게도 전하고 싶어하는 진지함이 느껴졌다.

이윽고 열심히 설명하던 비구니 스님의 콧등에 땀이 살포시 배어나왔다. 그 무렵 나의 관심은 설명보다는 그의 자태로 옮겨졌다. 발그레한 뺨과 짙고 가지런한 눈썹, 단정한 입매무새, 그런 것들은 도리 없이 여성의 것이었으나 깨끗이 면도한 파르스름한 머리는 추상 같은 결의를 느끼게 했다. 공부가 그리 오래지 않았을 터인데 그 까만 눈동자와 시선은 이미 속진을 모두 털어낸 듯 맑고 초연했다. 불상을 등지고 손짓을 섞어가면서 말할 때 때마침 향로에서 뿜어나온 한 줄기 하얀 연기가 그의 둥글고 좁은 어깨를 스치며 띠를 이루었다. 흡사 관세음보살 한 분이 살아 숨쉬고 있는 듯했다.

어쩔 수 없이 속물인 나는 '무슨 사연이 있어 저리 젊고도 고운 처자가 비장한 결단을 내렸을까.' 하고 공연한 근심을 했다. 그가 하고 싶은 말을 다 할 때까지 일행은 한참을 기다렸다. 긴 기다림이 영 싫지는 않았다. 마침내 설명을 끝낸 그가 "점심 공양은 사리암에서 하신

다지요. 미리 연락해두었으니 부지런히 올라가십시오." 하고는 돌아서는데 뒷모습에서 결연한 기운이 느껴졌다. 부디 성불하소서!

사리암은 500나한 중 나반존자 한 분을 모시는 특이한 기도처다. 속칭 기도발 좋기로도 소문이 나서 일년 내내 전국에서 모여든 사람들로 밤낮 없이 북적댄다. 하루에 쌀 너댓 가마니가 공양용으로 쓰이기 때문에 쌀을 운반하는 케이블이 따로 있을 정도다. 사리암은 꽤 높은 곳에 위치해, 가파른 산비탈과 돌계단을 힘들여 올라가야 했다. 대체로 좋은 기도처란 그런 곳에 있게 마련이지만.

일행들에게 서둘러 식사한 뒤 기도하라고 일러놓고는 원주 스님의 방문을 두드렸다. 반갑게 맞아주신다. "서울서 오셨다고요?" "어떤 모임인가요?" 이런 의례적인 질문에 대한 대답이 오갔다. 그러고는 잠시 할 말이 없어 침묵이 흘렀다. 비구니 스님 앞에서는 어떻게 말해야 할지 조금 망설여진다. 원주 스님은 나이가 그렇게 들어 보이지도 적어 보이지도 않아서 꼭 집안의 여동생처럼 느껴지는데, 영리하고 활달한 인상이었다. 방은 지나치게 단출했다. 구석에 덩그러니 놓인 나무책상 위에 조류도감 한 권이 올려져 있을 뿐이었다. 내가 그 책에 관심을 보이자 스님은 이야기보따리를 풀어놓았다.

눈이 많이 쌓였던 어느 해 겨울, 암자 근처에 유난히 많은 산새들이 모여들어 지저귀는데 꼭 배가 고파서 조르는 소리로 들렸다고 한다. 측은한 마음에 스님이 마당 구석진 곳에 눈을 쓸어내고는 낟알을 좀

놓아두었더니 한 놈 두 놈 눈치를 보며 내려와서 쪼아 먹더란다. 그일 이후 녀석들이 온 숲에 소문을 퍼뜨렸는지 이제는 때만 되면 마당 구석의 밥상 위에 온갖 새들이 다 내려앉아서 모두 한 식구가 되었다고 한다. 모두들 식성이 제각각인 것 같아 일부러 청도의 시장까지 나가 조, 수수, 콩, 팥, 깨, 옥수수 등 잡곡과 해바라기씨, 잣, 땅콩 같은 견과류까지 골고루 자루째 사서 두고 주는데, 그 비용도 수월찮게 들어간다며 웃었다. 식구가 늘면서 가끔 이름모를 녀석들이 나타나곤 하기 때문에 조류도감을 펼쳐놓고 대조해가며 이름과 습성을 공부하고 있다는 것이다. 최근에는 조류학자들도 직접 보기 어렵다는 희귀 종인 청색 딱따구리도 가끔 나타난다면서, 스님은 밖에 나가 소문내지 말아달라고 웃으며 당부했다.

그는 새만 기르는 것이 아니었다. 한번은 산 아랫마을의 농부가 암자 뒤의 깊은 숲을 뒤져서 염소 한 쌍을 찾아낸 일이 있었다. 그 농부에게 30만 원을 주고 염소들을 산 스님은 그놈들을 산에 그대로 풀어주었다. 이제 새끼를 낳아 열 마리 넘는 대식구가 된 염소들은 따로 만들어준 식탁에 와서 매일 식사를 한다. 염소들은 날쌔게 도망다니지만, 원주 스님이 나타나면 이내 다가와서 손바닥 위의 시래기도 받아먹고 등을 부비곤 한단다.

스님은 자신의 속가가 서산의 해미읍이라고 했다. 그런데 그 생가도 절이 되었다는 것이다. 어릴 때 토끼를 기르면 금세 숫자가 불어났고 화단이고 밭이고 자신의 손이 닿기만 하면 무엇이든 싱싱하게 자라나 열매도 많이 달렸다고 자랑을 했다. 말의 봇물이 터진 스님은 이쪽의 사정도 살피지 않고 쉴새없이 말을 이어갔다. 오랜 묵언수행 끝에 말의 경계를 벗어나 마음껏 토해내고 싶은 탓이었을까. 생명들과 더불어 사는 저 보살행에서 오는 법열을 주체하지 못함일까. 오랜만에 기도를 욕심내지 않고 스님 자신의 관심사에 귀 기울이는 나그네에 반가움을 느꼈던 것일까.

원주 스님의 유쾌한 수다는 한 시간 반이나 계속되었다. 밥이 다 식고 설거지를 해야 한다면서 일행들이 두어 번이나 재촉하는 것을 듣고서야 그의 이야기도 마무리 단계로 접어들었다.

스님의 법명을 물으니 정호汀晧라고 했다. 조금 전 다녀온 운문사의 강원 출신으로 아직도 학승 같은 순수한 열정과 자부심을 지닌 분이었다. 그는 순수하게 자신에 몰입했다. 이미 세속적인 욕망과 너절한 지식들은 탈탈 털어버린 청량감과 단순함이 몸에 배어 있었다. 행동은 거침이 없었고 당당하고 꾸미지 않았다. 비구니 스님 특유의 무심함이나 냉정함을 뛰어넘은 듯했다. 그러니 자유자재로 언행할 수 있는 것이리라.

합장하며 작별을 고할 때 아직도 못다한 이야기가 더 있음이 역력하였지만 그는 미련 없이 뚝 잘랐다. 한 시간 반에 걸친 대화는 즐거웠고 한편으로는 미진하였으나, 그는 다시 만나자는 말을 하지 않았고, 그러기를 바라는 기색조차 보이지 않았다. 불가에 몸담은 사람의 기본이겠으나, 그의 태도는 운문사를 안내한 젊은 학인 비구니만큼이나 유난히 결연하면서도 자연스러웠다.

운문사는 이러한 비구니들을 길러내는 절이다.

속세에 들켜버린 절

2000년 10월 29일, 청량산 청량사에 들렀다. 4월 30일에 들른 이후 반년 만이다.

모임에 동행하여 초행길을 떠난 이들이 자주 하는 말이 있다. "우리나라 산들의 좋은 자리는 모두 다 절이 차지했다." 우리 일행도 대체로 그렇게 생각한다. 물론 이런 느낌은 절의 턱 밑까지 도로가 만들어진 덕에 호사를 누리는 요즘 사람의 착각에 불과하다.

여느 집과 마찬가지로 풍수지리를 보아서 안전한 위치에 견고하게 절을 짓는 것이야 당연하다. 하지만 절집에는 크게 두 종류가 있다. 하나는 사람들이 모이도록 하는 절이고, 다른 하나는 세속과 단절하려는 절이다. 대부분의 절은 후자에 속한다. 경치 좋고 공기 좋아 심신을 맑게 해준다는 오지 산 속 좋은 위치에 자리잡은 절들. 천년 전이 아니라 수십 년 전까지만이라도 거슬러 올라가서 생각해보자. 그곳이 어디 사람이 살 만한 곳인가. 세속의 민가에서 탁발한 양식을 바랑에 넣어 짊어지고 산 넘고 물 건너 수십 리를 걸어가야 비로소 나타나는 곳이다. 그곳으로 이르는 길은 또 어땠겠는가. 산짐승들이 우글거리고 가끔 도적도 출몰하는 길이었을 것이다. 오죽하면 절마다 호랑이가 그려진 산신각이 있겠는가. 세상살이의 번잡함과 사람들이 만들어내는 시비 그리고 끊임없는 권력의 침노로부터 단절되지 않고서는 스스로를 찾는 고행을 하기 어려웠던 수행자의 몸부림은 그곳에서야 비로소 멈추었을 것이다.

그래서 대부분의 절은 산속 깊이 숨어 있고, 또 숨어서 지내도록 내버려두어야 마땅할 것이다. 청량사도 그러한 절 중의 하나이다.

경상북도 봉화에서 안동으로 가는 길. 낙동강 상류의 푸른 강과 기암절벽이 어우러진 아름다운 길을 따라가면 강현이라는 마을이 나타난다. 거기서 왼편으로 다리를 건너면 청량사로 가는 길이다. 길 초입에 옮겨놓은 큰 돌 위에 시조 한 수가 새겨져 있다.

청량산 육육봉을 아는 이 나와 백구 둘뿐이네
백구야 날 속이랴마는 못 믿을 건 도화로다
도화야 강물에 흐르지 마라 어부가 알까 하노라

퇴계 이황이 청량사 경내에 서당인 청량정사를 짓고 살면서 지었다는 시이다. 인품이나 학문이 조선조 최고봉이라 일컬어지는 분도 무릉도원 같은 자연을 몰래 즐기고 싶은 욕심이 이러했다. 이제는 물 위에 떨어진 복사꽃에 들킬까 노심초사했던 퇴계의 서정적인 걱정은 맬 것도 아니다. 사방으로 길이 좋아지니 주차장을 제법 넓게 잡았는데도 자리다툼이 심하다. 좀 유명하다 하는 곳을 가을 단풍철에 찾아서인지 우리 일행 역시 야단스러운 속인들의 무리와 뒤엉켰다.

절집에 이르는 길은 가파른 직선이다. 그 길은 올라가기도 힘들거니와 시야도 좁아서 제대로 경치를 즐길 수가 없다. 돌아가는 듯하여도 조금 더 큰 길을 따라 올라가다가 김생굴, 응진전이라는 표지가 나오는 곳으로 접어들어 산허리를 비스듬히 쓰다듬으며 들어가야 비경의 원근을 제대로 즐길 수 있다.

응진전은 마치 초병처럼 오뚝하게 자리잡고 있는데, 외청량사라고도 불린다. 탁 트인 경치가 일품이다. 절벽 허리로 난 길을 따라서 더 가면 최치원이 마시고 총기가 더해졌다는 샘이 있고, 여기를 지나면 외풍대라는 전망대에 이른다. 여기서 보는 청량산과 청량사가 제일경이다. 사실 많은 절을 다녀보아도 절의 입구나 마당에서 절집과 주변의 경관을 보는 것이지 절을 조감하여 한눈에 담아 보기는 어렵다. 그런데 이곳에서는 항아리 속에 든 풍광을 그림책 보듯이 내려다보는 격이다. 절 뒤의 매화산과 연이어 어깨동무한 육육봉의 기암절벽이 우르르 쏟아져내릴 것 같은가 하면, 옥좌를 감싸고 있는 시립한 선녀들인 듯도 하고 봉황의 보금자리 같기도 하다. 문외한의 눈에도 참으로 명당이구나 싶다. 하늘을 떠받치듯 깎아지른 수직 절벽의 골진 곳 턱진 곳마다 온갖 나무와 풀들이 몸을 비틀며 환호하듯 자태를 드러 낸다. 외풍대에서 바라보는 청량사는 한껏 멋부린 병풍 속에 갇힌 새색시 같다. 이런 비경이 감추어져 있으니 아는 사람들이 꼭꼭 숨겨두고 몰래 즐겼음직도 하다.

청량산 일대 산의 암벽들은 특이한 퇴적암으로 이루어져 있다. 마치 시멘트 콘크리트 같아서 바위 속에 자갈들이 촘촘히 박혀 있다. 일행 중 한 분의 설명에 의하면 이곳은 바다가 융기하면서 만들어진 산이라고 한다. 수억 년 전 바다 속 모래와 뻘에 강에서 흘러내린 자갈들이 뒤섞여 굳어지며 바위가 되었고, 그것이 육지로 솟아나 풍상에 깎인 후 이처럼 속살을 드러내고 있는 것이다. 세월의 무게가 아찔하다.

너무 오랜 은둔 생활 때문이었는지 절의 살림살이는 얼핏 보아도 넉넉지 못하다. 그렇지만 번듯한 불사를 일으키지 못한 채 옛 모습 그대로 남아 있는 수수하고 단출한 전각들이 오히려 정답다. 불당 현판은 유리보전琉璃寶殿인데, 고려 공민왕의 글씨라고 한다. 근년에 들어서야 주지 지현智賢 스님이 살면서 경내의 급한 돌길과 계단을 철도 폐침목으로 깔아서 방문객의 발길을 편안하게 하였고, 전통찻집을 아담하게 새로 지었다. 절 입구 쪽 벽은 통유리로 만들었는데, 찻집에 앉아 바라보니 산수화 한 폭이 그대로 들어 있는 듯했다. 주지 스님은 버려지다시피 잊혀졌던 절을 이제 적극적으로 세상에 드러내 보이려는 것 같다. 경운기를 타고 인근 동네에 순회 법회를 나가고 가을이면

절에서 산사음악회를 연다고 한다. 이만큼 크고 아름다운 자연 음악당이 또 어디에 있을까.

우리 일행을 맞은 지현 스님은 속내를 알아주는 오랜 친구를 대하듯 거침없는 태도로 좋은 법문을 해주었다. 스님은 청량사의 진짜 절경은 겨울철 눈이 쌓였을 때라면서 그때쯤 다시 와서 며칠이든 묵고 가라고 권했다.

반년 전에 들렀을 때 가을에도 와보자는 일행들의 성화가 대단해서 다시 찾은 것이었는데, 과연 다시 걸음을 할 만했다. 한동안 이름도 역사도 잊혀졌던 청량사는 이제 동네방네 소문난 절이 된 모양이다. 다들 좋은 것을 알아보는 눈이 있으니, 조금만 길을 터주면 저절로 널리 알려지는 것이 세상 이치 아닐까 싶다.

생각의 활

2006년 10월 22일, 수덕사를 다녀오는 길에 인근의 천장사를 찾았다. 천장사는 고승들이 수도하는 유서 깊은 사찰로 찾는 이가 드물어 사찰 답사의 고수들이 아끼는 절이다. 천장사天藏寺는 글자 그대로 하늘이 숨겨둔 절이다. 마을에서 행인에게 몇 번씩 물어본 뒤에야 간신히 절을 찾을 수 있었다. 버스에서 내려 가파른 산을 30여 분이나 숨을 헐떡이며 올라갔다.

법당인 본채는 규모나 꾸밈이 소박해 시골집 같다. ㄷ자형 목조 와가로, 정면 6칸과 측면 2칸의 겹처마 팔작지붕이다. 마당에는 3미터 높이의 7층석탑이 섰는데 자연석을 대충 손질하여 만든 듯 고졸하여 오히려 정겹다.

법당의 편액은 천장암天藏庵이고, 밀창이 달린 마루에 올라서면 관세음보살상이 모셔진 방으로 들어가는 문 위에 굵은 초서체 현판이 걸려 있다. 서로 무슨 글자인지를 묻는데, 세 글자 중 '門' 자만 모두 알아봤다. 스님은 '염궁문念弓門'이라고 일러주며 경허선사의 글씨라고 했다. 뜻을 묻자 "그냥 화두지요."라는 답이 돌아왔다.

절집 치고는 수수하고 교통이 불편해서 찾는 이가 드물다. 물도 귀해서 여러 사람 먹을 밥을 짓지도 못한다는 궁벽한 곳이다. 그래도 엄정한 기품이 느껴지는 것은 근대 선승의 두 거목 경허鏡虛 선사(1849~1912)가 수도하고 만공滿空 스님(1871~1946)이 출가해 득도했다는 곳이기 때문이다. 건물의 오른쪽에는 경허가 일년 간 참선했다는 한 평정도의 작은 방이 있다. 그 방에 들어가 가부좌를 하고 눈을 감으니 알 수 없는 충만감으로 온몸이 달아올랐다. 이곳은 절을 안고 있는 연암산의 기가 응집된 곳이라고도 한다. 백제 무왕 때인 633년에 선인들이 이미 이런 터를 알아낸 것이다.

법당 문설주 위를 가로질러 걸려 있는 '念弓'이란 글자 때문에 수많은 의문부호가 작살이 되어 미혹한 머릿속에 꽂힌다. '생각의 활'이라, 그것은 무엇을 위해 어디로 쏘는 걸까?

붓다는 외도들이 시간, 공간 따위에 관한 추상적인 질문을 하자 답을 화살에 비유했다고 한다.

"지금 몸에 화살이 꽂혔다면 그걸 뽑는 것이 당면한 과제다. 그 화살의 출처나 날아온 이유를 따지는 것은 부질없는 망상이다."

인도 힌두교에서는 카르마(업·業)를 손에서 떠난 화살에 비유한다고 한다. 신들조차 이미 저지른 행동의 결과를 바꿀 수 없다. 화살은 정해진 방향으로 나아갈 뿐이다. 인간은 아직 활줄에 걸린 화살과 화살통에 든 화살만 통제할 수 있을 뿐이다. 따라서 내세를 위해 현세의 화살을 조준하는 것이 현재를 사는 지혜라고 한다.

활은 항상 위력적이고, 그래서 제대로 다뤄야 하는 존재로 여겨졌다. 중국 고사에는 호랑이인 줄 알고 쏜 화살이 실제로는 바위에 꽂혔다는 전설이 있다. 활을 걸어둘 때 줄을 너무 팽팽히 하거나 느슨하게 해서는 안 된다는 '이장지도弛張之道'라는 것도 있다. 이런 이야기에 의지하지 않고 생각해보자. '염궁문'이 뜻하는 바는 번뇌 망상이라는 과녁을 찔러버렸다는 깨침의 외침일 수도 있고, 잡념들을 화살에 실어 서산 벌을 향해 날려버리고 텅 비우라는 명령이거나, 활의 긴장감으로 게으름을 질타하는 채근일 수도 있다.

글은 간결하고 뜻은 송곳 같은데 이렇게 사량이 분분한 것은 나의 미망이다. 경허가 남긴 시 한 수가 떠오른다.

나는 고개를 숙이고 졸고 있다
나는 언제나 졸고 있다
조는 것 이외에는 아무 할 일이 없어
나는 고개를 떨구고 졸고 있다

승려 틱낫한

2004년 3월 28일, 윤달 3사 순례를 했다. 부안의 개암사와 서산의 부석사, 그리고 화성의 용주사다. 돌아오는 길에는 달라이 라마와 더불어 세계적인 불교 지도자로 널리 알려진 틱낫한 스님의 얘기를 했다.

• • •

"불교의 가르침은 너무 오래됐다."

틱낫한의 말입니다. 틱낫한은 현재 달라이 라마와 함께 살아 있는 부처로 불리는 지구촌의 영적 스승입니다. 그는 이렇게 말합니다.

"불교는 오늘을 사는 세계인의 환경과 의식수준에 맞는 말을 해야 한다. 난해한 문구와 낡은 비유로 현대를 일깨우려 하는 것은 억지다."

틱낫한의 말은 심오하지만 쉽고, 많은 것을 말하면서도 간결하며,

무엇보다 신선합니다. 그는 불교의 변화와 보편성이 무엇인지를 보여줍니다.

문화가 환경에 대한 적용방식이듯, 위인도 환경과 시대의 산물입니다. 달라이 라마가 빼앗긴 조국 티베트의 한을 딛고 자라난 거목이라면, 틱낫한 또한 그를 길러낸 토양이 있습니다. 틱낫한은 1926년 프랑스 식민지이던 베트남에서 태어났습니다. 2차 대전의 상처, 남북분단, 치열한 내전, 미국의 무자비한 공격과 끈질긴 저항 그리고 통일로 이어지는 과정을 체험한 세대입니다. 16세에 출가하여 1961년 미국의 대학에서 종교학을 강의했습니다. 베트남 전쟁 당시 반전 평화운동을 했고 1973년 프랑스로 망명했지요. 1982년부터 프랑스 보르도 근교에 만든 명상공동체, 영적 오아시스라고 불리는 플럼 빌리지plum village에서 국가와 인종과 종교를 초월한 가르침을 펼치고 있습니다.

시인이며 평화 운동가이기도 한 그의 가르침을 관통하는 줄기는 '남을 설득하거나 변화를 요구하지 않고 오로지 자신을 성찰하라는 것' 즉 관용입니다. 이것이 아니고는 화해나 행복을 추구할 수 없으니, 여기에 도달하는 수단으로써 명상을 제시하고, 그 구체적 실천으로 호흡법을 가르칩니다. 이러한 자세는 먼저 말한 대로 그의 삶 그리고 조국과 관련된 체험에서 뿌리내린 것이 아닐까 합니다. 그의 대표적 저서인 《화火, Anger》의 내용을 잠시 살펴봅니다.

화가 날 때면 우선 숨을 한 번 의식적으로 주의 깊게 살펴보자. 우리

생명의 근원인 숨에 집중하면 평소보다 호흡이 길고 깊어진다. 그러면 이완이 되고 긴장이 풀린다. 이 원리는 모든 명상, 단전호흡의 기초로 정신이 집중되고 '참된 나'를 만나는 방법이다. 호흡은 자연과 내가 하나 되는 지점이고 숨을 '바라보는' 것이다.

틱낫한은 화를 다스리는 방법을 자상하게 일러줍니다. 과식하지 말라. 앙갚음하지 말라. 내가 모두 옳다고 판단하지 말라. 반드시 화해하라. 남의 말을 경청하라 등입니다.

자기를 다스림으로써 나 아닌 것과 화해하고 마음의 평화를 얻는 것, 그것은 초월이라 할 수 있습니다. 붓다가 말한 중도中道에 통하고 일체유심조一切唯心造의 토대가 됩니다. 명상이 강조되는 이유도 명상적 사랑이야말로 깊고 아름답고 전체적이기 때문입니다. 틱낫한은 욕망에 의한 자극은 사랑이 아니라고 꼬집습니다. 사랑은 존경심과 돌보는 마음, 책임감을 훨씬 넘어섭니다. 그 안에는 '보살핌'이 있다는 것입니다. 명상을 하는 것은 사물의 본성을 깊이 관찰하는 것이며, 진정한 사랑은 상대방을 있는 그대로 받아들이는 것이라고 덧붙입니다.

틱낫한은 삶에서 만나는 여러 시련과 과제들에 대해서도 다음과 같이 간명하게 말해줍니다.

죽음 슬퍼하며 울부짖고 장례지낼 필요 없다. 우리는 매 순간 태어나고 매 순간 죽는다. 모르는 사이 우리 몸의 세포는 무수히 죽어가고 새로 생겨난다. 마찬가지로 지구를 하나의 몸, 우리 각자를 하나의 세포로 본다면 죽음은 그리 슬퍼할 일이 아니다.

보시가 행복이고 행복이 곧 해탈 왼손이 다치면 오른손이 왼손이 할 일까지 더 한다. 그때 나는 너를 돕는다는 생각이나 보상을 기대하지 않는다. 너와 내가 따로 없다. 인간이 스스로 보호받기 위해서는 인간 아닌 요소들을 보호해야 하는 것이다.

설거지 설거지를 할 때 놀고 있는 다른 사람을 원망하면 접시 몇 개는 깨끗이 닦을 수 있어도, 얻는 행복은 없다. 평온한 마음으로 설거지를 하면 그것이 행복이다.

부처님 말씀 뱀을 잡을 때 머리를 누르지 않고 꼬리를 잡으면 물린다. 부처님의 가르침은 듣는 이가 지혜롭지 못하면 상처를 입을 수 있다. 강을 건너면 뗏목을 버려야 하는 것이다.

행복 현대인들은 소비를 통해서만 행복을 느끼고자 한다. 현재 여기서 온전한 존재를 느껴야 한다. 가버린 과거나 오지 않은 미래를 걱정하지 말라.

플럼 빌리지 이곳에서는 자신의 종교를 버리라고 하지 않는다. 단지 자기 종교를 더 깊이 이해하기 위해 불교를 공부해보길 권한다. 불교를 알면 기독교를 더 깊이 이해할 수 있다.

• • •

윤달에 세 군데의 절을 도는 풍습은 조선조에 중국으로부터 받아들였다고 한다. 주로 명부전을 찾아 돈을 놓고 복을 빈다. 덤달, 공달이라고도 하는 윤달에는 모든 잡신들이 쉬는지라 인간을 간섭하는 일이 없다고 믿는다. 마음을 비운다는 것은 신이나 앎 그리고 욕망으로부터 해방된다는 의미다. 그래야 다른 것을 받아들일 여지가 생겨난다. 한 승려의 깨우침을 음미하는 것 또한 복을 짓는 일일 것이다.

시간은 결코 가지 않는다

2006년 6월 25일, 영주 희방사를 다녀왔다. 전쟁의 아픔이 상기되는 날이어서 그런지 초여름의 생기가 들과 산에 가득한데도 버스 안의 표정들은 무겁다. 살아갈수록 세월이 너무 빠르게 느껴진다. 도반들의 머리카락이 부쩍 하얗게 센 듯하고, 정수리께가 듬성하다. 모두들 내심 얼마나 더 살 수 있을까 헤아리고 있는 것 아닐까. 나는 얼마 전 얘기를 꺼냈다.

• • •

지난 6월 19일, 대학 때 은사인 유인호 교수의 유해를 타계 14년만에 양평에서 광주 5·18 국립묘지로 이장했습니다. 이 자리에서 박형규 목사, 김병태 선생, 김락중 님에 이어 내가 제자 대표로 추모사를 했습니다.

사모님을 비롯한 유가족과 여기 모인 우리 모두는 14년만에 영원한 안식처를 찾아 이 먼 곳 광주로 고인을 모심에 대하여 늦었음과 멀어 졌음을 아쉬워하고 한편으로 안도하고 있습니다. 내가 선생님을 상상 속에서 만나 대화를 해보니 선생님께서 그러시더군요.

"자넨 아직 이걸 모르는 거야. 시간이란 살아 있는 사람들이 만든 분별일 뿐이야. 원래 그것은 없는 것이야. 14년 전이나 지금이 조금도 다르지 않아. 삶을 넘어선 세계에선 말이야. 그리고 멀다 가깝다 하는 것도 산 육신이 느끼는 한계가 만들어내는 분별이야. 여기 또는 저기 라는 것이 모두 한 점 안에 있지. 나는 지금 먼저 온 모든 영령들처럼 그런 분별을 초월해 있어. 잠시 전이나 오래된 과거나 모두 하나라는 것도 알아두게. 모두에게 고맙다고 전하고 잘 돌아가게!"

추모사가 끝난 후 여러 사람이 내게 다가와 추모사가 독특하고 신 선했다고 말했습니다. 대부분의 사람들에게는 이런 류의 말이 좀 생 소한 모양입니다.

에드워드 홀이라는 인류학자가 5년 동안 인디언 보호구역에 살면 서 연구한 결과, 인디언은 시간 개념이 백인과 완전히 달라서 백인들 을 모두 '미친놈'으로 여긴다고 했습니다. 인디언들이 말하기로는 "우리가 언제 도착하더라도 그 장소는 늘 그 자리에 있다. 그런데 백 인들은 어디를 가려면 늘 서두른다. 몸 속에 시간이라는 악령이 있 다."고 했다는 것입니다. 소위 문명의 틀 속에서 시간에 길들여지고 그 속박에서 자유로워보지 못한 사람들에게 이것은 몇 번을 읽어도 도무지 이해할 수 없는 말이겠지요.

수년 전 나는 여러 지인들과 중국여행을 갔습니다. 그토록 보고 싶던 만리장성, 조망 좋은 꼭대기에 올라 험준한 산맥의 등뼈를 타고 아스라이 멀어지는 성벽의 긴 꼬리를 바라보면서 외쳤습니다.

"만리장성은 여기 그대로 있네!"

아무도 내 말을 알아듣는 것 같지 않았습니다. 누군가가 말했지요. 사람은 태어나서 죽을 때까지 시간이라는 족쇄를 찬 죄수이며, 죽는 순간에야 그 고달픈 수갑을 풀고 탈출할 수 있다고.

과거는 모두 하나입니다. 바다가 앞뒤의 강물을 가리지 않듯이……. 미래는 오지 않아서 없는 것입니다. 그러므로 인간은 무수한 찰나刹那를 살 뿐입니다. 그 찰나의 궤적이 현재입니다.

> 물샐틈없이 조여오는 시간의 포위망을 뚫고
> 이웃집 아저씨가 달아났다
> 그는 지금 용인공원묘지 산1번지
> 양지바른 곳에 반듯이 누워
> 안도의 숨을 쉬고 있다
> | 이상호, 〈이웃집 아저씨의 탈출〉 |

．．．

　법문을 마치고 나자 이날 따라 가느다란 탄식들이 여기저기서 터져
나왔다. 불가사의한 것들을 두고 부질없이 삿대질을 한 것은 아닐까.
자리로 돌아가는 나의 어깨도 묵지근했다.

보시는 상속된다

2007년 11월 25일, 마이산 탑사를 갔다. 10월에는 조상의 시제에 참례했다. 때가 때인지라 다른 여러 사람들도 시제에 다녀왔다고 한다. 조상과 자손 간의 얘기를 빼놓을 수 없다.

• • •

'적선지가 필유여경積善之家 必有餘慶 / 적악지가 필유여앙積惡之家 必有餘殃.'

가풍이 엄정한 집안의 거실에서 흔히 보는 붓글씨 문구입니다. '착한 일을 많이 한 집안에는 반드시 남는 경사가 있고, 악한 일을 많이 한 집안에는 반드시 남는 재앙이 있다'는 말입니다. 남는 경사란 자손에게 미치는 경사, 즉 조상의 음덕陰德을 뜻합니다. 남는 재앙 역시 마찬가지로 자손에게 미치는 재앙을 뜻하지요. 재물만 자손에게 상속되는 것이 아니라 선이나 악, 덕과 부덕도 상속된다는 이야기입니다.

이 문구의 출전은 《주역》의 〈문언전文言傳〉인데, 건괘와 곤괘 중 곤괘의 해설서입니다. 이어서 "신하가 임금을 죽이고 자식이 아비를 죽이는 일은 하루 아침과 하루 저녁에 그렇게 된 것이 아니다. 그 유래는 점차적으로 이루어진 것이니…"라는 글이 뒤따라옵니다.

널리 알려진 문구인 데다 역사와 전설, 우리 주변에서도 실례가 너무 많기 때문에 첨언이 오히려 진부할 수도 있습니다. 그러나 중요할수록 사소하게 여겨지고, 쉬운 것은 잘 지켜지지 않습니다.

조선시대 중신인 상진尙震(1493~1564)은 중종에서 명종에 이르는 동안 15년 간 영의정을 비롯한 삼정승을 지낼 정도로 관운이 좋았습니다. 젊을 때 관상으로 수명이 짧을 것이라는 예견과 달리 72세까지 살았고, 왕이 그의 치사致仕(나이 들어 벼슬을 사양함)를 받아들이지 않고 궤장几杖(임금이 나라에 공이 많은 늙은 대신에게 하사하던 안석과 지팡이)까지 내려가며 중책을 맡겼습니다.

그는 목천 상씨 가문에서 나온 유일한 과거 급제자였습니다. 그의 조상은 임천이라는 곳에서 대대로 살았는데, 증조부 상영부가 재산이 많은 부자였습니다. 가난한 사람에게 곡식을 꾸어주고 문권을 받아두었는데, 섣달그믐까지 갚지 않은 문서는 모조리 마당 가운데 내놓고 불을 질러버렸다고 합니다. 상영부는 "후세에 반드시 귀하게 될 자손이 내 가문에 태어날 것이다"라고 말했다고 합니다. 적선의 여경을 믿었던 것입니다.

우리나라에서 간장을 상품화해 성공한 회사 중에 '샘표간장'이 있습니다. 1946년에 설립된 이후 60년이 넘은 지금까지 50퍼센트를 넘는 시장 점유율에 연간 1,000억 원대의 매출을 기록하고 있다고 합니다. 고故 박규희씨가 설립된 이후 현재 아들인 박승복 회장과 손자 박진선 사장이 운영하는 가족회사입니다. 창업 이래 늘상 흑자경영을 해온 알찬 기업이지요. 최근 팔순의 박 회장이 이런 말을 했다고 합니다.

"경제교육 한답시고 재테크 가르치면 자녀를 망친다. 그런 교육은 절대 안 된다. 아이들에게 근검절약을 가르치는 것이 바른 경제교육이고, 여유가 있으면 남에게 베푸는 것이 그 다음이다. 부富는 스스로 창출할 수 있도록 해야 한다."

얼핏 평범한 말 같지만, 작금의 세태에 일침을 가하는 명쾌한 지적입니다. 많은 부모들은 유행과 상식을 좇아 자식들을 몰아세우고 채찍질합니다. 거기에서 자식 교육의 정당성을 확립하고 자만심과 대리만족을 느끼려 합니다. 핵심은 좋은 학교 그리고 그것을 경유하여 획득하기를 바라는 권세와 돈입니다. 더 솔직하게는, 돈 잘 버는 것을 최고의 가치와 출세로 칩니다. 그런데 이런 식으로 교육한 대부분의 부모들은 뒤늦게 후회하곤 합니다.

자녀는 부모와의 단선적인 관계로만 있지 않습니다. 또한 부모의 의지에 의해서 만들어지거나 의도대로 성장하지도 않습니다. 아이는 부모의 몸을 빌려 나온 독립된 개체로, 우주에 소속돼 있습니다. 그러면서도 부모를 포함한 조상들의 정신세계에 뿌리를 내리고 과보果報

를 공유합니다. 프랑스 고등사회과학원장인 모리스 고들리에는 한국을 방문했을 때 이런 말을 한 적이 있습니다.

"아이는 단순히 한 남자와 한 여자로 태어나는 것이 아니다. 난자와 정자의 단순한 생물학적 결합을 넘어서는 조상ancestor이나 신God, 또는 어떤 영spirit이라는 다른 차원의 개입이 반드시 필요하다. 따라서 생명은 성욕의 결과로서가 아니라 우주의 총체적 결과물로 보아야 한다."

속칭 동양철학으로 불리는 명리학에서는 사주팔자로 개인의 운명을 푸는데, 타고나는 명命은 천지기운에 의해 결정되지만 운運은 후천적으로 바꿀 수 있다고 봅니다. 공부, 수양, 좋은 사람과 인연을 맺는 것, 끈기 있는 노력 등과 더불어 명당에 조상의 묘를 쓰는 것까지 타고난 팔자를 바꾼다는 것입니다. 특히 적선은 당대뿐 아니라 자손에게도 영향을 미친다고 합니다.

불교에서는 적선에 해당하는 말이 보시布施(dana)입니다. 태어나고 죽는 고통의 이 언덕에서 불생불멸이 가능한 열반의 저 언덕에 이르기 위해서는 강을 건너는 뗏목이나 배가 필요한데, 그 수단 중 큰 것 6가지를 육바라밀이라 하고, 그중 첫 번째가 보시바라밀입니다.

보시는 크게 재물로 하는 재시財施, 진리를 가르치는 법시法施, 두려움을 제거하여 안온함을 갖도록 도와주는 무외시無畏施 등 셋으로 구별합니다. 보시하는 기본 전제는 깨끗한 마음을 내어서 남에게 베풀되, 베푼다는 생각마저도 갖지 않아야 한다는 것입니다. 이를 대승

大乘에서는 무주상보시無住相布施라고 합니다. 불교에서의 보시는 서양의 아가페나 에로스처럼 이분법적이고 추상적인 것이 아니고 자리이타自利利他를 추구하는 상생적, 포괄적, 구체적 개념입니다. 또 보시는 불교의 선택적 수행 방법이 아니라, 보살도를 구현해야 하는 불자들의 의무이자 궁극적 목표입니다.

보시나 적선의 방법이 어찌 몇 마디 단어로 요약되겠습니까. 흔히 돈과 재물이 적선의 대표적 수단으로 여겨지지만, 불교에서는 앞서 열거한 3대 보시 외에도 재물 아닌 것으로 할 수 있는 무재칠시無財七施가 있습니다. 언제 어디서나 누구에게나 베풀 수 있는 소박한 것이지만, 결코 가볍지 않습니다.

① 언시言施: 좋은 말.

② 신시身施: 힘을 보태는 것과 예의 바른 행동.

③ 문시聞施: 남의 말을 잘 들어주는 것.

④ 심시心施: 선심, 자비심, 관심.

⑤ 안시顔施: 편하고 밝은 표정.

⑥ 안시眼施: 자애로운 눈길.

⑦ 좌시座施: 자리를 양보함.

이 외에도 얼마든지 추가할 수 있습니다. 모든 보시의 공통점은 다른 사람에 대한 관심과 배려에서 나온 행동이란 점입니다. 적선,

보시는 나와 남 사이에 좋은 관계를 형성하는 능동적 행위입니다. '좋은 관계'는 다른 말로 복福입니다. 복은 저축되고, 후손에게 상속도 됩니다.

보시와 적선은 주는 쪽만 있는 것이 아니라 반드시 받는 상대가 있습니다. 받는 것은 일방의 권리가 아닙니다. 만약 받기만 하고 되돌려 줄 줄 모르면 적악을 하는 것이고, 소위 '빌어먹는 자'가 되고 맙니다. 보은報恩의 길을 아는 자가 더 많은 은혜를 입는다고 했습니다. 감사하는 것, 자신을 잘 관리하고 선하게 사는 것도 보은의 한 방법입니다.

* * *

우리가 한 생을 살아보면 나와 타인 공히 직계로 5~6대를 만나거나 보게 된다. 조상과 자손으로 이어지는 인과관계를 잘 관찰해보면 삶에 대한 교훈이 그들 생의 고리에 확연히 드러난다.

소태산을 생각하다

2003년 9월 28일, 불갑사를 찾았다. 불갑사佛甲寺는 전라남도 영광군 불갑면에 있다. 백제에 처음 불교를 전한 인도승 마라난타가 중국의 동진을 거쳐, 침류왕 1년(384년) 법성포에 들어와 창건한 사찰이다. 절 이름에는 이런 역사를 가진 최초의 절이라는 의미가 담겨 있다. 유서 깊은 절임에도 수난이 많았다. 긴 세월 동안 훼불과 폐사를 겪었고, 6·25 전쟁으로 소실되기도 했다. 우리가 찾아간 2003년에는 1974년부터 시작된 불사가 아직도 진행 중이었다. 회복도 무척이나 더딘 셈이다. 이는 호남 지역이 비교적 불교 교세가 빈약한 데다, 어촌이라는 입지도 관련이 있을 것으로 생각된다. 어부는 살생이 직업이니 이곳에서 불교가 보호받기는 힘들었을 것이다. 그래도 포구의 이름이 법성포法聖浦요, 이전의 이름은 연꽃을 뜻하는 부용포芙蓉浦였으니 불법이 전해진 땅이라는 사실을 자랑스럽게 간직하고 있었다 할 것이다. 지금은 굴비 생산지로 더 잘 알려진 곳인데, 절 쪽의 낮은 산에서 내려다본 포구는 깊고 아름답다. 불갑사 가는 길인 백수면 갈룡리에 원불교의 창시자인 소태산小太山 대종사大宗師 박중빈朴重彬의 생가가 있다.

• • •

 땅 이름은 역사의 산물인 경우가 많지만 미래를 예언하기도 합니다. 영광靈光이라는 지명은 '신령스러운 빛'이란 뜻인데, 원자력 발전소가 들어설 것을 예견했다는 말들도 합니다. 이래저래 예사롭지 않은 땅임을 느끼게 합니다. 하지만 나는 영광과 법성이라는 땅을 지나면서, 이러한 이름이 박중빈의 탄생을 예고한 것이 아닐까 하는 생각을 했습니다.

박중빈은 유년시절 한학을 공부하다가 스스로 우주 자연현상에 깊은 의심을 품고 수행에 들어가, 20년 가까운 구도 끝에 1916년 26세의 나이에 대각大覺을 이루었다고 합니다. 1924년에는 전라북도 익산에서 불법연구회를 조직해 일원一圓(0)을 최고의 종지宗旨, 신앙의 대상과 수행의 목표로 삼았습니다. 1943년 대법문을 강설하고 53세의 나이로 입적하였습니다. 그는 이로써 원불교의 창시자가 됩니다. 원불교는 '불법을 주체 삼아 불생불멸의 진리와 인과응보의 이치를 세상에 드러내고 진리적 종교의 신앙과 사실적 종교의 훈련으로써 파란고해波瀾苦海의 일체 생령生靈을 광대 무량한 낙원으로 인도하기 위한 종교'라고 정의되어 있습니다. 나는 불교를 이처럼 간명하게 정리한 글을 본 적이 없습니다.

박중빈이 정리한 원불교 교리를 보면 '이런 정도의 경지에 도달했다면, 붓다가 말한 독각獨覺, 연각緣覺이라는 부처와 다름없지 않나'라는 생각을 하게 합니다. 불교에서 매우 중요하고 특징적이라 할 수 있는 붓다 가르침의 총체를 개념화한 법신法身을 비로자나불이라는 인간을 닮은 형상으로 구현한 데 반해 그는 0, 즉 일원으로 표현했습니다. 진리의 궁극과 세상 이치를 꿰뚫은 탁월한 통찰이라 여겨집니다. 신흥 종교일수록 그럴듯한 교리를 내세우고 세상과 영합하는 법이지만, 박중빈은 불교에 탄탄한 뿌리를 박고 스스로를 신격화하지 않았다는 점에서 돋보입니다.

그는 원을 우주만물의 근본이요 모든 성자의 깨달은 자리이며 우리 본래 마음자리라고 설명합니다. 동그라미라는 기호가 그렇다는 것이 아니라, 진리의 자리를 표상화하면 그 상징이 동그라미에 축약된다는 의미로 해석됩니다.

원은 많은 의미를 함축하고 있는 기호입니다. 둘레를 보면 시작도 끝도 없는 무시무종無始無終입니다. 회전과 영속永續을 상상케 합니다. 바퀴에 의해서 수레가 끝없이 굴러가는 것과 같습니다. 원이 그려지면 안과 밖이 생깁니다. 바깥은 무한이고 안은 유한입니다. 다른 말로 공空과 색色의 경계입니다. 원을 지우면 고무풍선을 바늘로 찔러 버리는 것처럼 밖과 안, 공과 색이 하나로 됩니다. 원은 영입니다. 모든 것의 시작이면서 끝이고, 있음이면서 동시에 없음입니다. 또한 원은 구멍이고 통로입니다. 인간의 마음자리, 깨달음, 우주만물의 순환과 귀결, 생사를 아우르는 통찰 등을 가장 원만하고 간결하게 표현한다면 동그라미만한 것이 있을까요. 박중빈은 기발하게도 이 원을 신앙의 표상으로 삼았습니다.

원불교의 7대 교리 중 첫 번째는 '물질이 개벽되니 정신을 개벽하자'입니다. 물질문명과 정신문화의 균형 발전을 주장하면서 소태산 스스로 미신타파, 문맹퇴치, 저축조합운동, 간척사업 등을 실천했다고 합니다. 붓다는 2,500여 년 전 브라만교나 힌두교가 지배하던 인도에서 신으로부터의 인간해방, 카스트제도 혁파를 통한 인간평등을 위해 개혁 종교인 불교를 열었습니다. 20세기 한국, 법성포가 있는 영광 땅에서는 소태산이 실사구시實事求是에 입각해 불교를 현대화하고 생활화하는 개혁을 시도했습니다.

불교는 정교한 철학적 논리를 갖추고 상식과 합리성에 기초한 보편 타당성을 지니고 있지만, 공리공론空理空論의 관념론이 강하고 애매모호한 면이 있습니다. 물질과 문명, 의식구조, 인간의 지혜가 엄청나게 발전한 현대를 제대로 담아내지 못하는 것이 사실이지요. 경전도 너무 방대하고 다양하며 난해합니다. 또 수행의 방법들도 추상적이고 모호합니다. 대승과 소승, 다불多佛, 밀교密敎와 방편, 샤머니즘과 토속신앙의 혼재, 기복 위주의 신앙생활, 참선의 현실적 한계와 성과에 대한 회의, 체계적이고 정연하지 못한 교육, 승려의 세속화 문제까지 많은 과제를 안고 있습니다.

종교가 다르다고 무턱대고 배척하거나, 깨달음의 결과가 불교라는 그릇의 밖에 있다고 해서 무시하는 것이야말로 비불교적입니다. 불교를 설명하는 방법과 논리가 기존의 승려 집단이나 절집 바깥에서 이루어졌다는 이유로 나무라는 것도 편협한 아집입니다. 세상을 살아간 사람 중에는 승복을 입지 않아도, 절집을 찾지 않아도, 붓다의 말씀을 들은 적이 없어도, 저절로 부처이고 보살인 사람들이 많았습니다. 종교는 끊임없는 자기 혁신을 통해 현대화, 대중화하고 합리성을 갖추어야 합니다. 그것이 종교 본래의 뜻에 맞는 것이며 종교가 있어야 할 소이所以입니다.

• • •

법성포에 버스를 대고 주지 스님이 추천한 집—과연 스님께서도 굴비 맛을 아시는가!—에서 굴비를 샀다. 주인이 불자이고 절에 보시도 잘 하신다기에 가격도 깎지 않고 믿고 샀다. 주인이 국산 굴비는 정수리에 다이아몬드 문양이 있다고 설명하는데, 같은 바다에 사는 조기가 어째서 국산과 국산 아닌 것이 따로 있고, 그런 표식을 달고 말고 하는지는 알 길이 없다.

투명한 스님 고우

2004년 2월 22일, 단양 구인사를 방문했다. 구인사는 천태종의 본산이다. 《법화경》을 소의경전으로 하고, 조사祖師 신앙을 가진다는 점에서 조계종과 다르다. 《법화경》의 주요 내용을 설명하고 나서 최근 언론에 보도되었던 고우古愚 스님 이야기를 했다.

• • •

아직 그분을 뵙지는 못했습니다. 굳이 찾아가 뵈어야겠다는 마음도 없습니다. 성격 탓도 있지만, 어떤 사람을 글이나 풍문으로 접했을 때의 좋은 느낌을 그대로 간직하는 편이 더 나은 경우도 있기 때문입니다. 만나서 이런저런 이야기를 나누다보면 허튼 소리도 끼어들게 되고, 일상이나 행색을 보고 나면 신비감이 사라지고 실망하기 일쑤입니다.

그래서 수행하는 이는 함부로 나타나지 않고 말도 아끼는 것이 맞습니다. 또한 세상은 그런 사람들을 호기심 때문에 끌어내려서 요리조리 분석하고 규정해서 까발리지 말고, 숨어서 지내도록 배려해주는 게 좋습니다. 그들은 세상에 부는 청량한 바람이기도 하고 어둠 속의 등불이기도 하니까요.

어떤 신문기자가 고우 스님을 살짝 만나고 온 모양입니다. 그는 경북 봉화군 춘양면 각화사覺華寺라는 절의 부속암자인 서암西庵에서 13년째 살고 있다고 합니다. 그곳은 대단한 오지입니다. 그리고 고우 스님은 2004년 현재 세수 68세입니다. 스님들의 참선공부 도량으로 유명한 태백선원 원장이 그가 맡은 벼슬입니다. 기사에서 보이는 스님은 산뜻합니다. 유리알처럼 맑고도 질박합니다. 차가우면서도 따뜻하고, 모자란 것 같으면서 날카롭습니다. 기자는 이렇게 적었습니다.

그를 대하니 서릿발 같은 선승의 준엄함이 없고 깊숙한 미소와 나직한 목소리가 마음씨 푸근한 이웃집 할아버지를 보는 것 같다. 낯선 이의 긴장감을 일순간에 무너뜨리는 매력이 느껴진다.

또 고우 스님의 말을 이렇게 옮겼습니다.

나는 깨닫지 못했다. 장좌불와長坐不臥나 용맹정진 같은 치열한 수행방법도 하지 못했다. 다만 나는 이제야 정正(옳음), 사邪(그름)를 가릴 수 있다. 정은 있다有 없다無를 구분하지 않는 것이고 사는 구분하는 것이다. 유무에 집착하면 패거리가 되고 네 편 내 편이 나뉜다. 수행修行을 한다고 하는데 수행은 착각을 없애는 것이다. 뭐가 있어서 닦는 것이 아니라 유무에 대한 집착을 버리는 것이다. 유무에 얽매이지 않는 것이 중도中道인데 중도는 양극단을 여의는 것이고 불교는 이 한 마디에 다 있다. 사람이 가치관을 바꾸면 즐겁고 행복해진다. 장사하는 사람이 손님을 돈으로 헤아리지 않고 은인으로 보면 성업盛業하는 것이다.

나는 한 대 얻어맞은 기분이 들었습니다. 짧고도 무거운 말이었지요. 솔직하고 명료하며, 깊고 단호하여 비장감을 느낄 정도의 자극이 있었습니다. 그의 말을 다 알지 못한대도, 설사 이 말을 만나서 직접 다시 듣는다 해도, 나는 더 물어볼 말이 없어졌습니다. 답만으로도 문제를 만들었으니, 정작 질문은 듣는 사람의 몫이 될 것입니다. 언젠가 우연으로라도 만나지 말고, 내가 이해하는 그를 그대로 간직하고 싶어졌습니다.

· · ·

그날 구인사에서 우리는 스님 전용 식당으로 안내돼 극진한 대접을 받았다. 그런 대접을 받고 말고 하는 것이 무슨 대수이랴 싶었는데, 일행들 모두 기분이 한껏 좋아졌다. 왜 이리도 세상살이는 좋은 게 좋은 것인지. 세속을 살아가고 있으니 어쩔 수 없이 사소한 일에 사소하게 기뻐하게 되는가보다.

다시, 고우 스님

'뵙지 말아야지' 생각했지만 결국 그분을 뵙게 되었다. 그분을 글로 알게 된 지 3년 후의 일이다. 2007년 9월 30일, 경북 봉화 각화사로 고우 스님을 친견하려 간다니, 신청자가 넘쳐서 45명만 선착순으로 태우고 떠났다.

경상북도 봉화군 봉성면 금봉2리 마을 앞 넓은 공터에 도착해 우리 일행은 버스에서 내렸다. 산골 마을 비탈진 곳에는 아직도 수확하지 않은 사과들이 군데군데 나뭇가지에 탐스럽게 매달려 있었고, 10여 호나 될까 한 마을 복판에는 예배당의 뾰족 지붕이 천연덕스럽게 솟아 때마침 종을 치는 소리도 들렸다.

거기서부터 고우 스님이 기거하는 금봉암金鳳庵까지 1킬로미터 남짓한 산비탈 길은 대형버스가 올라가지 못한다고 했다. 한 총무가 절에 전화를 해서 준비해간 점심식사 운반을 부탁하니, 잠시 후 짐칸이 있는 5인승 승합차가 내려왔다. 운전자가 절에서 일하는 일꾼이려니 하고 봤더니 노스님이다. 바로 고우 스님이었다. 인자한 인상에 눈썹이 짙었다.

"영광입니다. 스님께서 손수 모시는 자동차를 다 타보고."

"나, 무면허예요. 대승사 주지가 오르내리기 불편하다고 하나 사줬어요."

우리는 마주보며 그만 웃음을 터뜨렸다. 내가 말을 받았다.

"이 길에 관해서는 스님이 박사 아니겠어요. 믿고 탈게요."

"그럼요, 안전운전 하나는 믿어도 됩니다."

일행 중 성급하고 팔팔한 일부는 걸어서 먼저 가고, 뒤에 처진 일행은 마침 뒤따라 올라오던 그 절 신도의 봉고 승합차를 얻어 타 우리는 몇 분만에 암자에 다 모였다. 서울에서 아침 7시에 출발했는데 아직 점심때도 안 됐다. 12시 반까지 식사를 하고 스님의 법문을 듣기로 했다.

총무와 먼저 스님 방에 들러 정식으로 인사를 했다. 금봉암 자리는 봉화에 40년 가까이 살아온 스님이 근년에야 우연히 발견한 명당이라고 했다. 스님은 15년여 거처하던 서암을 떠나 새 보금자리를 만든 것이다. 2005년 공사를 시작해 이듬해 요사채 두 채를 짓고, 법당은 현재 기초공사만 끝낸 상태라고 했다. 한 분의 단독시주로 곧 건물이 들어설 것이라고 스님은 전했다. 수덕사 대웅전 건물을 본떠 주심포 맞배지붕의 형식을 따랐고, 절터가 풍수지리상 재물이 많이 쌓일 곳이라며 오른쪽으로 감싸고 흐르는 산줄기와 앞쪽으로 전개되는 태백의 연봉들을 가리키며 자랑했다. "동네 이름마저 금봉이니 혹시 예전에 절터가 아니었냐"고 물으니 그건 아니란다.

나는 우리 일행이 스님의 법문에 대해서는 약간의 예습이 되어 있고 공부들을 잘하니까, 오늘 법문은 중급 이상으로 수준을 높여달라고 주문했다. 스님은 반색을 했다. 60대의 남자들이 주축인 청중을 놓고, 수준을 어디에 맞추어야 할지 내심 고민하셨던 모양이다.

법문을 시작하면서 고우 스님이 먼저 물었다. "팔만장경을 집약하고 또 축약해서 한 마디로 압축한다면 무엇일까요?"

누군가가 "마음 심心"이라고 하니, "더 간단히 말한다면?" 하고 다시 묻는다.

여러 사람이 동시에 "공空"이라고 답하자 스님은 그제야 고개를 크게 끄덕였다.

"공을 사람들은 대부분 잘못 알고 있습니다. 심지어 중국의 임어당은 '허무'라고 했고 슈바이처 박사는 '비관'이라고 풀이했으며 로마 교황 요한 바오로 2세는 '일체의 무관심'이라고 이해했지요. 공이란 아무것도 없다는 것이 아닙니다. 있는 그대로 실체가 없기에 공이라고 하는 것입니다. 즉 본질과 현상이 동시에 있기에 공입니다. 본질과 형상이 서로 달라서 따로 존재한다고 보는 것, 즉 있다 없다는 구분은 사견邪見이라 하고 그것을 하나로 보는 것은 정견正見이라고 합니다. 이것이 곧 중도中道이고 불교는 이 중도라는 한 마디에 뜻이 다 담겨 있다고 할 수 있습니다. 이것은 양극단을 여의는 것이고 중간이 아닌 초월입니다. 공은 다시 무아無我와 같은 것입니다. 그것은 세상의 생성과 존립이 연기緣起에 의하기 때문입니다. 《금강경》에서도 '연기를 보는 자는 법을 보고, 법을 보면 여래를 본다'고 했거든요. 연기는 홀로 독립된 존재는 없다는 뜻인데, 이 연기를 모르고 유有에 집착하기 때문에 본질을 형상과 혼동하는 것입니다. 공을 알면 나를 비우게 되고 그러면 모든 것이 평등하다는 것을 알게 되고 평등을 알면 비교를 안 하게 되고 열등의식도 풀리고 스트레스를 겪지 않아도 됩니다. 그것은 본질을 알기 때문입니다. 그래서 공을 안다는 것은 시각을 바꾸는 것입니다. 장사하는 사람이 손님을 돈으로만 보지 말고 은인으로 보면 변화가 일어납니다. 장사가 잘 되는 것입니다. 나를 찾아오는 신도 중에는 그렇게 생각을 바꿔서 성공한 실례가 있습니다. 시각을 바꾼다는 것은 가치와 의미를 새롭고 바르게 갖는 것입니다. 공에 눈을 뜬다는 건 구름이 걷혀 해가 보이는 것과 같습니다. 이것을 지혜라고 하는데 이때 구름은 진공眞空, 해는 묘유妙有에 해당하는 것이지요. 지혜는 번뇌와 대립되는 개념입니다. 그리고 지극한 상식을 말합니다. 6조 단경에서도 '지혜로서 생각하고 수행하라, 있다 없다에 머물면 깨닫지 못한다'고 하지 않았습니까."

스님은 선禪이란 손가락(과정, 절차)을 넘어 달(궁극의 목표)에 직접 도달하는 수단이라고 했다. 또 현대물리학에서 질량이 없는 시초의 물질을 뜻하는 '힉스' 라는 가설의 존재에 대한 연구가 결실을 맺을 것으로 보는데, 이런 최첨단 과학에 의해 공이 새롭게 증명되고 인류의 인식에 지대한 영향을 미치게 되리라고 설명했다.

또한 예전의 선지식들은 인과론으로만 불교를 설명했지만, 그것은 독초 줄기만 돌로 짓눌러놓은 것에 지나지 않으며 뿌리채 뽑아 제거하려면 공을 제대로 알아야 한다고 했다. 그리고 스포츠도 프로의 영역과 일반인을 위한 생활체육이 있듯, 불교도 대상에 따라 달리 설명되고 수행되어야 한다고 했다.

2시간 넘게 법문이 진행되는 동안 여기저기서 질문이 쏟아지고 답이 오갔다. 마지막으로 내가 가벼운 질문을 하나 했다.

"그간 오랫동안 각화사에서 선원장으로 계시면서 대중들과 같이 살았는데, 어째서 이런 적막강산에서 혼자 지내시게 됐습니까?"

"어허, 아픈 데를 찔렸군요. 어른이 있으면 밑에 사람들이 눈치를 봐요. 어른 입장에서도 마찬가지고요. 서로 편하라고 떨어져 나왔어요. 나는 원래 문중, 파벌에 관련된 적이 없으므로 그것도 싫고, 최근에 상좌가 둘 생겼지만 내 시봉할 생각 말고 공부나 열심히 하라고 쫓아 보냈어요. 성철 스님 이후 2차 봉암사 결사에 참여하면서도 내 이런 태도는 그대로였어요. 여기 간이법당이기는 하지만 천정을 보세요. 연등이 한 개도 없지요. 그런 것도 나는 달지 못하게 해요. 살림 단출하니 구차하게 돈 받지 않아도 돼요. 현재 공양주 보살하고 둘이서 사는데, 주는 대로 아무거나 먹고 지내니 그렇게 편하고 자유로울 수가 없어요. 내가 원래 몸이 좀 약해요. 의사는 갑상선 저하증이라는데, 틈만 나면 드러눕고 싶어요. 그럴 때는 눈치 안 보는 게 제일 편한 환경이거든요. 마당에 누렁이 두 마리가 있어 심심찮기도 하고요. 그리고 새 절을 지으면 창건주의 권한이 대단해서 딱히 노후 걱정을 안 해도 됩니다."

우리는 또다시 웃음을 터뜨렸다. 스님의 소탈함과 솔직함이 물씬 배어나왔다. 우리의 호의가 이심전심 전해졌는지, 스님은 이런 말도 했다.

"이 아래 동네가 열세 집 정도 되는데 두 집 빼고는 모두 교회에 다녀요. 요새 나를 찾아오는 사람들이 많고 군수나 서장도 가끔 들르고 서울에서 고급차 타고 오는 사람들도 자주 보니까, 저 보잘것없는 노인이 제법인가보다 생각하는 것 같아요. 우호적이더라고요."

스님은 마치 연주자가 앙코르 공연을 하듯, 이야기 한 토막을 들려주었다.

"한 집안 3형제가 같은 날 죽어서 저승에 갔는데 모두 억울하다고 하니 염라대왕이 듣기에도 딱한 바가 있었나봐요. '너희를 다시 살릴 수는 없지만 원하는 대로 새로 태어나게 해주겠다' 하고는 각각 소원을 말하라 하니, 첫째는 부자로 태어나게 해달라고 하고, 둘째는 권력을 갖게 해달라고 해서 둘 다 바라는 대로 해주겠노라고 약속을 했어요. 말이 없던 셋째에게 소원을 묻자 셋째는 '마음에 맞는 여자 만나서 먹고살 만한 정도의 땅을 일구며 아들 딸 낳고 오순도순 행복하게 살게만 해주십사' 빌었어요. 그러니까 염라대왕이 '야 이놈아 그런데 있으면 차라리 내가 가겠다'고 했답니다. 자기의 분수를 알고 그것에 만족하면서 사는 것이 얼마나 어려운 일인지 아시겠지요."

그렇다. 결국 저마다 틀어쥐고 있는 '나'라는 것 때문에 욕심이 생기고 다툼이 일어 세상이 고통스러운 것이며, 어떤 대상을 보고 분별을 할 때 그 대상의 양면성을 동시에 볼 수 있는 지혜가 있어야 행복에 다가갈 수 있다는 얘기다.

우리 일행은 산을 내려와 버스에 오르기 전, 동네 과수원집에서 사과를 한 보따리씩 샀다. 생산지 가격이 서울보다 비싸다는 것을 알면서도 방금 땄으니 맛있을 거라고 하면서들 산다. 사실은 집에 사들고 들어갈 때의 기분이지만, 그 정도 호사쯤 부려도 좋을 만큼 유쾌한 날이었다.

3년 전 고우 스님을 신문에서 접하고도 '좋은 인상이 흐트러지면 어쩌나' 하는 기우로 일부러 기회를 미뤄왔는데, 그와의 만남은 큰 행운이었다. 9월 30일, 일년의 4분의 3이 막 지나고 있었다. 우리의 인생도 여기쯤 와 있을 거라고 여겨졌다. 어떻게 살아야 인자하고 걸림이 없는, 인품의 향기를 발산하는 그런 경지에서 장엄한 노을을 만들 수 있을까. 우리는 각자 생각에 잠겼다.

모두가 혼자다

2004년 5월 30일, 장흥 보림사. 신라시대 구산선문 가지산파의 근본 도량이다. 6·25 전쟁 초기에 공산군 유격대가 반년 가까이 점령하다가 쫓겨가면서 불을 질렀다지만, 국보와 보물 여러 점이 남아 있다. 멀지 않은 곳에 보성 녹차밭이 있어 들러보기로 했다. 이날의 일행은 69명이었다. 하는 수 없이 버스 두 대에 나눠 탔고, 나는 휴게소를 거칠 때마다 차를 갈아타며 법문을 했다. 여러 주제의 얘기가 나왔지만, 경험담 하나를 정리하는 것으로 갈음한다.

● ● ●

1972년 당시, '태양난로'를 운영했던 이 사장은 마포의 단층집 건넌방을 사무실로 썼습니다. 좁은 사무실 벽에는 열 개도 넘는 특허증이 가지런히 걸려 있었지요. 은행에 들어간 지 얼마 안 된 내가 이 사장과 대출금 상담을 하기 위해 그의 사무실로 찾아가 두어 시간 이야기 나누었던 일을 30년도 훨씬 더 지난 지금까지 기억합니다.

이 사장은 직접 연탄난로를 만들어 팔았습니다. 그 시절엔 가정집이든 사무실이든 구공탄과 조개탄으로 난방을 했습니다. 불 잘 들고 뜨겁고 오래 쓰고 편리하고 모양 좋은 난로는 사람들의 꿈이었습니다. 10년 전부터 세상에 선보인 그의 난로는 평판이 좋았습니다. '태양'은 꽤 알아주는 상표가 되었습니다.

이 사장은 사업가라기보다는 시골학교 교장처럼 조용하고 단정했습니다. 그런 그가 자기의 영욕에 대해 말했습니다. 집념 어린 그의 표정에는 회한과 비감이 동시에 깃들어 있었습니다.

처음 제품을 만들 때는 자기 집 처마에 슬레이트 지붕을 돌려가며 잇대 공간을 만든 뒤 그 밑에서 작업을 하고 물건도 쌓아두었습니다. 부인과 아들이 종업원이었고, 어린 딸도 짬나는 대로 잔일을 거들었습니다. 난로를 하루 두 개도 만들고 세 개도 만들었는데, 입소문을 타서 만드는 대로 팔리게 되었습니다. 그간 연구하고 시제품 만드느라고 있던 돈 다 까먹고 끼니 걱정까지 하던 가정에 훈풍이 불었고, 그렇게 행복할 수가 없었다고 합니다.

진짜 '내 사업'이 시작되고 주문이 밀려들었습니다. 일감이 늘어 사람을 서너 명 채용했고, 철판이나 쇠막대기를 자르고 구부리는 일은 직접 하기로 했습니다. 이른바 분업과 대량생산, 원가 절감에 눈을 뜬 것입니다. 망치 소리가 밤낮 없이 골목에 울리기 시작하니 이웃들이 시비를 걸고 파출소에서 경찰이 왔다가고 동사무소와 소방서에서도 기웃거리며 묻고 따지기 시작했습니다.

이 사장은 "내가 내 힘으로 내 돈 들여 내 물건을 만들고 내 발로 뛰어 파는데, 내가 얼마를 벌든 왜 남들이 궁금해하고 참견하는지 납득이 되지 않았다"고 했습니다. 세상에는 도움 줄 사람은 없는데 딴지 걸 사람은 도처에 널려 있음을 알았고, 벌어들인 돈이 모두 내 것이 아니라 여러 사람에게 나누어주고 찔러주어야 한다는 사실도 깨달았습니다. 주변에서 "사업을 더 키우고 사람을 더 고용하고 세금관계를 말끔히 하려면 회사를 만들어야 한다"고 해서 서울 근교 외딴 곳에 땅을 빌려 공장을 새로 마련하고 주식회사를 설립했습니다.

그러자 이번엔 세무서와 상공부에서도 오라 가라 하고, 시청이나 경찰서에서 감투도 주고 상도 주고, 또 손도 벌렸습니다. 이 사장은 공장에 붙어 있는 시간보다 바깥에서 보내는 시간이 더 많아졌습니다. 인플레로 물가가 계속 오를 때라, 자재도 미리 사두면 이득이고 자금 수급이 잘 맞지 않을 때를 대비하자는 생각에서 은행에서 대출한도도 설정하고 당좌도 개설해 어음을 발행했습니다.

그런데 믿고 일을 맡겨왔던 기술자가 알 것 다 알아낸 뒤 회사를 뛰쳐나갔답니다. 요즘 말로 '기술 유출'이었지요. 따로 물건을 만들어 판매처를 잠식하기도 했지만 그는 딱히 손을 쓸 수 없었습니다.

그러던 어느 해, 유별나게 따뜻한 겨울이 오더니 쌓인 물건이 팔리지 않았습니다. 월급날은 어김없이 다가오고, 원자재 구입용으로 발행한 어음기일도 용서 없이 돌아왔습니다. 모든 것이 그의 능력 밖에 있었습니다. 좋을 때는 먼저 와서 웃고 아양 떨던 은행원도 곤경을 눈치채고는 싸늘하게 돌아서버렸습니다. 부도가 나고 말았지요.

일이 이렇게 되니 아무도 도와주지 않았습니다. 채권자들은 제품이나 가재도구를 다투어 집어가고 종업원들은 기구와 자재들을 집어 나가고 마침내 살던 집도 은행 경매에 붙여졌습니다. 알거지가 된 것입니다. 이제야 회사는 책임만 남은, 온전한 그의 것으로 돌아왔습니다.

그는 몇 년을 가족과 헤어져 시골에서 혼자 살았습니다. 그리고 다시 맨주먹으로 재기를 하려고 발버둥치고 있었습니다. '그에게 가능한 방법이 있으면 대출을 좀 해주라'는 윗선의 부탁이 있었다며 지점장이 대신 찾아보라고 해서 신참인 내가 방문을 하게 된 것입니다. 이 사장은 나에게 말했습니다.

"세상에는 결국 나 혼자뿐이더라고요. 이제 절대 사업 크게 안 할 겁니다. 내가 무엇을 잘못했는지 지금도 몰라요. 재벌이 되고 자식에게 회사를 물려주는 사람은 천운을 타고났거나 '빽'이 무척 좋은 극히 일부의 사람입니다. 사람마다 그릇이 다르고 분수가 있는 것 같아요."

그때 이 사장은 혼자서 골똘히 연구하면서 '명품 난로'를 만드는 중이라고 했습니다. 예전 판매상에서 더 달라고 해도 더 많이 만들지는 않을 거라고 했습니다. 그는 자신이 은행에 담보로 내놓을 수 있는 것은 선반 위에 있는 금형金型들뿐이라고 하면서 그것들로 철판도 구부리고 주물도 만드는 것이니 소중하고 값진 것이라고 말했습니다.

내가 보기엔 이리저리 굴린 쇳덩이에 불과한 그 금형을 담보로 인정할 방법이 없다는 것을 설명하기가 너무 미안했습니다.

그후 이 사장의 소식은 듣지 못했습니다. 곧 난방 수단으로 보일러가 생기고 석유난로가 일반화되었으니 그의 연탄 난로는 빠른 속도로 잊혀졌을 것입니다. 아마도 그는 더욱더 혼자가 되었겠지요.

• • •

비단 태양난로 이 사장뿐일까. 우리 모두는 결국 혼자이다. 불교 공부는 결국 각자가 홀로일 뿐이라는 너무나도 당연한 이치를 상기하고 기꺼이 받아들이는 연습을 하는 것이다. 내 것 그리고 나라는 존재조차 잠시 스치는 환영에 불과하다는 사실을 깨달아야 하는 것이다.

이것 역시, 지나가리라

2007년 6월 17일, 사천 다솔사. 사천은 나의 고향이다. 다솔사는 초등학교 시절 두어 번 소풍을 갔던 절이다. 뒷간의 까마득한 아래쪽을 내려다보면서 겁이 났던 기억이 새롭다. 이날 따라 모두들 사는 것이 힘들다고 하길래, 고통과 늙음과 무상에 대해 얘기했다.

• • •

유대교의 마드라 시詩에 나오는 일화입니다. 다윗왕이 보석 세공인을 불러 "반지 하나를 만들되, 내가 큰 승리를 거두어 기쁨을 억제하지 못할 때 그것을 가라앉히고, 또 내가 절망에 빠져 헤어나오지 못할 때 기운을 북돋워줄 수 있는 글귀를 새겨넣으라"고 주문했습니다. 보석 세공인이 솔로몬 왕자의 도움을 얻어 반지에 새긴 짧은 명구名句는 '이것 역시 곧 지나가리라This will go away, too' 였습니다.

모든 것은, 그것이 고통이든 즐거움이든 곧 지나가버립니다. 세월의 끝에 다다르고 보면 모든 것이 찰나이고 한바탕 꿈입니다. 사라진다는 것은 허무이면서 동시에 기쁨이기도 합니다. 세상만사에 고정된 건 아무것도 없습니다. 모든 것은 변합니다.

이 반지의 명구는 불교의 이론체계를 구성하는 기본 골격 중 하나인 제행무상諸行無常과도 상통합니다. 흔히 무상을 허무나 덧없음과 동의어로 사용하기도 하지만, 이는 한쪽에 치우친 해석입니다. '곧 지나가리라' 는 솔로몬의 말과 함의는 같습니다.

국내 최대 광고업체인 제일기획의 카피라이터 최인아 전무가 신문에 이런 기고를 했습니다. 제목은 '젊음도 곧 지나가리라' 였습니다. 이런 주제를 다룰 정도면 연륜이 한 갑자는 족히 넘겼으리라고 생각했는데 40대 후반이랍니다. 인생의 열정으로 가득해 앞만 보고 살 때인데 말입니다. 그는 이렇게 썼습니다.

모든 찬탄의 대상인 젊음은 누구에게나 허락되지만, 오래도록 지속되지 않는 인생의 한 시절, 결국 지나간다. 대한민국에서 나이 든다는 것은 육체의 노화만 의미하는 것이 아니라 낡은 것으로 치부되고 주연의 자리에서 밀려나는 것과 동의어이다. 1984년 스물세 살에 회사에 입사해 여자로서 일하는 것의 봉우리를 웬만큼 넘어섰다고 생각할 즈음, 다른 봉우리가 앞을 막아섰다. 나이듦이다. 변화의 주기가 짧고 새로운 것이 미덕인 광고업계에서 늙는다는 것은 치명적이다. 할 일들이

후배에게로 가고 나를 필요로 하는 일들은 줄어들었다. 억울하고 야속했다. 일년의 휴직을 신청한다.

현명하게도 그는 걷기 시작했습니다. 그것도 혹독하게. 아픈 무릎을 끌고 밤마다 발에 잡힌 물집을 터뜨리며 한 달여를 그렇게 했답니다. 프랑스 국경 마을에서 스페인 북서쪽까지 800킬로미터의 길, 가톨릭교도의 천년된 순례길이라고 했습니다. 드디어 그녀는 종점에 이릅니다.

밤새 내리던 비가 그친 유월의 이른 아침, 갑자기 모든 것이 확연해지면서 울음이 터져 나왔다. 무릎 꿇고 싶지 않음이었다. 젊지 않아도 갈 수 있는 길이 있음을 찾아내고 싶었던 것이었다. 한때의 젊음을 경쟁력으로 삼는 것은 어리석다. 나이 들어도 쉬이 없어지지 않는 자기 세계, 세평에 쉬이 무너지지 않을 자기 이야기가 있어야 한다. 그래야 나이듦이라는 봉우리에 멋지게 오를 수 있을 것이다.

그녀는 한 영국 시인의 말을 인용했습니다. "젊기는 쉽다. 모두 젊다. 처음엔, 늙기는 쉽지 않다. 세월이 걸린다. 젊음은 주어진다. 늙음은 이루어진다. 늙기 위해선 세월에 섞을 마법을 만들어내야 한다."

그녀의 글은 늦더위에 한 줄기 소나기가 몰고 온 청량한 바람 같았습니다. 그 나이에 이만한 것을 느끼고 스스로 깨달아가는 모습이 대

견하고 부럽습니다. 젊은 시절 남다른 열정과 성취의 전력이 없었더
라면 이런 글도 허구나 나약한 자의 독백으로 들렸을지 모릅니다. 한
인간의 성장과 결실은 자연의 섭리에서 조금도 벗어나 있지 않습니
다. 싹이 자라고 가지가 무성해지고 꽃을 피우고 열매를 맺고, 그리고
장렬한 완성의 끝자락에서 모두를 버리는 한 떨기 꽃나무의 일생과
꼭 같은 것입니다. 그녀는 이러한 이치를 서둘러 알아차렸습니다. 그
리고 진지하게 느끼고 받아들인 것입니다.

그녀가 이제 새로운 자세로 받아들이기로 한 늙음 또한 곧 지나갈
것이고, 지금의 깨달음은 한갓 타협에 불과할 터입니다. 세월이 좀더
지난 어느날, 나이마저도 넘어선 그녀는 다시 글을 쓰지 않을까요. 아
마도 '장미는 쓰레기다' 라는 화두에 무릎을 치며 시작할 것 같습니다.

●　●　●

인근에 사시는 팔순 고모님께서 고종사촌에게서 전해듣고 휠체어
에 몸을 의지한 채 나를 찾아 다솔사로 오셨다. 용돈 10만 원을 주셨
다. 오랜만에 어른에게서 돈을 받았다. 일행 45명이 모두 부러워하기
에 귀경길 휴게소에서 호두과자를 사서 돌렸다.

해를 등지고 사는 해바라기

상식은 바보들의 합의다. 보고 싶은 것만 보고 듣고 싶은 것만 듣고 알고 싶은 것만 아는 것이 '상식'이다. 나도 가끔은 틀리고 다른 사람이 옳을 때가 있다는 당연한 사실을 아는 것은 '관용'이며 심지어 '자아의 확대'라고 부르기도 한다. 인도와 네팔에 머물렀던 13일 동안 나의 상식이란 게 얼마나 좁은 것이며, 나라는 존재가 얼마나 왜소하고 외로운 것인가를 사무치도록 느꼈다.

인도의 길은 참으로 길었다. 2007년 3월 10일, 여행 일주일째였다. 우리는 붓다의 성도지인 마하보디 사원, 수자타 집터를 보고 라즈기르로 이동해 영축산, 죽림정사, 나란다 대학 터 등을 둘러보고 빠뜨나로 가서 야간열차를 탔다. 인도 동북부 평원지대에서 서쪽으로 북부 중앙을 향해 가는 길이다. 좁은 침대칸에서 토막잠을 자면서 13시간을 보냈는데, 1,700킬로미터를 왔다고 했다. 도착지는 아그라. 세계 7

대 불가사의 중 하나라는 타지마할, 무굴제국의 대황제 샤자한의 비妃
인 뭄타즈 마할의 화려한 무덤이 그곳에 있다.

　3월 12일 아침 6시 반에 버스를 타고 아그라를 떠나 잔시에서 기차
를 타고 버스로 또 갈아타고서야 카즈라호에 도착했다. 10시간 정도
의 여정이었다. 지도로 보면 남쪽으로 손가락 한 마디쯤 내려왔다. 미
투나 사원에서는 에로틱한 조각들이 탑신을 가득 채우고 부끄럼 없이
몸짓을 드러내고 있었다. 다음날인 13일 6시에 카즈라호를 떠나 남쪽
으로 버스가 달렸다. 인도 중심의 고원 지대로 향한다. 12시간쯤 걸려
산치대탑에 당도했고, 또 2시간을 더 달려가 보팔에서 잤다. 옛 성터
였다는 호텔에서 내려다보이는 호수와 석양이 무척 아름다웠다.

　3월 14일은 여행 열하루째 날이었다. 역시 아침 6시에 길을 나섰
다. 아잔타와 엘로라 석굴이 있는 아우랑 가바드까지 버스로 3시간,
기차로 7시간, 다시 버스로 4시간 정도를 이동하는 날이었다. 길이 30
센티미터의 인도 지도에서 사흘 동안 7.5센티미터를 내려온 셈이었
다. 기차에서 내려 부사왈에서 버스로 갈아타고, 오후 4시부터 고원
지대를 달렸다. 몇 개의 점을 잇는 긴 선을 지겹도록 따라가는 것이
인도 여행이다.

　지도에선 대륙의 중서부 주 마하라쉬트라의 북쪽 산악지대로 표시
돼 있었다. 이곳에 들어서고 나서야 비로소 산이라는 것이 보였다. 도
로가 경사지고 구불구불해졌고, 경작지의 농작물도 초록색 일색이 아

니라 황금색과 갈색이 섞여 있었다.

이제 졸음도 지쳤다. 모두들 하염없이 창밖으로 시선을 내던진 채 말이 없었다. 일행 26명은 힘이 빠질 대로 빠져 있었다. 서로 눈치보고 체면을 차리던 초장의 서슬이 다 빠졌다. 남녀가 버스를 사이에 두고 좌우로 나뉘어 들판에서 지퍼를 내리거나 엉덩이를 까고 볼일을 봐도 이젠 아무도 서로 신경쓰지 않았다.

어느 여행이 그렇지 않으랴마는, 특히 인도는 길에서 모든 것을 만난다. 얼핏 보면 인도는 경작지를 제외한 모든 것, 사람, 집, 길의 바탕이 코끼리 색깔이다. 어딜 가나 비슷하게 차려입은 비슷한 얼굴의 사람들. 사람과 자동차와 소와 마차와 자전거가 뒤엉킨, 도무지 질서라고는 없는 도시와 마을들. 길가에 늘어선 코딱지만한 구멍가게와 주렁주렁 매달린 사탕봉지, 느리고 하염없는 사람들의 눈동자. 요란한 치장을 하고 쉴새없이 경적을 울려대는 자동차들. 온통 그곳이 그곳이다. 반복은 권태를 낳고 호기심을 죽인다. 혼잡함조차 반복되었다. 그래서 인도 여행이 고역이라고들 하는 것 같다.

어느 여행 가이드북에서는 '인도 여행은 참을성 있게 즐겨야 한다'고 했다. 그러기 위해서는 눈을 떠야 한다. 그리고 생각을 해야 한다. 이곳을 언제 다시 올 수 있으랴 싶으면 익히 보던 것도 새롭다.

남쪽으로 내려올수록 가로수와 들판에 빨라스 나무가 흔하다. 벌거벗은 가지에 진홍빛 꽃들이 무성한데, 꽃이 지면 목화 같은 솜이 달리고 재질이 단단하여 귀히 여기는 나무란다. 느리고 어두운 땅에서 그 빨간 꽃나무만이 생기 있는 미소를 뿌리며 길손들을 맞이했다.

우리와 동행한 안성 석남사 주지 정무 스님 옆 좌석에 앉아 이야기를 나눴다. 스님은 세수 75세인데 이번이 17번째 인도여행이라고 했다. 한 거사가 인도에 와본 적도 없이 인도에 관한 책을 썼는데, 그 내용이 자기가 봐도 감탄이 나온다고 했다. 그 거사는 "인도에서 우리나라 사람들이 무언지 친근감을 느끼는 것은 서로 동포이기 때문"이라 했다고 한다. 붓다가 제도하려고 했던 그 민중과 불법을 따르려고 하는 우리가 정신적 동포라는 것이다. 아그라에서 카즈라호로 오던 길에 봤던 오르차라는 도시는 김수로왕비 허황후의 고향이라는 설도 있다. 우리 누구도 김수로왕의 핏줄에 닿지 않은 사람이 없으니, 혈연적으로도 동포라는 것이다.

해가 한참 서쪽으로 기울었는데 버스는 충직하게도 기계음을 쏟아내며 달리고 있었다. 모두들 지루함에 겨워서 뒤척이거나 눈을 감고 있을 때, 추수가 끝나가는 들판에 키 크고 푸른 작물이 싱싱하게 펼쳐진 것이 보였다. 해바라기였다. '여기선 해바라기도 이렇게 크게 농사를 짓는구나' 하며 시골 담장에 정겹게 서 있던 모습을 떠올렸다.

그렇게 한참을 가다가 나는 상념의 권태와 피로를 딱하고 내려치는 충격음을 들었다. 해는 서쪽으로 기울었는데 해바라기의 도도한 얼굴들은 죄다 동쪽을 향하고 있었던 것이다.

내가 뭘 착각한 걸까 생각하고 재삼 겨냥을 하고 봐도 틀림없었다. 옆 자리의 스님을 흔들었다.

"저것 보세요. 해바라기들이 뒤집어졌어요."

"그러게요. 해바라기가 등바라기가 됐네."

나는 일행에게 이 광경을 일러주었다. 모두 눈이 휘둥그레지더니 연신 두리번거렸다. 우리의 오랜 상식 하나가 눈앞에서 뒤집어지는 순간이었다. 해를 따라서 그 긴 목을 움직여 얼굴을 돌리기에 이름까지도 해바라기가 아닌가.

나는 다음날 버스 안에서 가진 나의 세 번째 법문에서 이 해바라기 이야기를 했다. 해바라기는 중남미의 열대 지역인 페루가 원산지이다. 우리 땅에서 여러 세대를 거치면서 살다보니 제 고향보다 여름과 일조량이 짧아서 서두르지 않으면 씨를 남기기 어렵다는 것을 알아차리고, 유전인자 속에 그 생존의 지혜를 심어서 큼지막하게 노출된 꽃 속을 해를 따라 움직이게 했다. 더 많은 햇빛이 필요했기 때문이다.

그런데 적도에 가까운 북위 15도의 고원에서는 햇볕이 불 같이 뜨겁다. 그것도 지평선에서 지평선에 이르는 동안 끝없이 말이다. 사람도 햇볕이 부족한 지방에서는 일광욕을 즐기지만 무더운 계절에는 그늘을 찾는다. 제아무리 해바라기라도 이곳에서 우직하게 해를 따라다니다가는 화상을 입을 터, 그늘로 향하는 것이 사는 길이다. 이것이 제대로 된 이치다. 우리는 너무나 당연히 그래야 한다고 믿었던 상식 하나가 무너지는 것을 보았다. 그냥 지나칠 뻔하다 무심한 길에서 건

져올린 매우 특별한 경험이었다. 붓다는 제행무상, 즉 고정된 것과 변하지 않는 것은 아무것도 없다고 했다. 모든 존재는 환경이라는 인연이 만들어내는 적응방식의 결과물이다.

인도의 해바라기는 해를 등지고 산다. 진짜다!

멀어질수록 보이는 세상

　2003년 7월 27일, 구례 사성암을 찾았다. 이곳을 추천해준 사람은 우리들의 단골 버스기사인 박남근 씨이다. 그분만큼 우리나라를 많이 돌아다니고 길을 잘 아는 사람을 보지 못했다. 보고 들은 것이 많고 안목도 높다. 법문도 열심히 듣는 도반이다. 여러 해를 두고 매달 여행을 다니는 입장에서 이런 기사를 만나 서로 단골이 되는 것도 큰 복이다. 우리 여행의 모든 준비와 진행을 도맡아 봉사하는 한우진 총무와 더불어 언제나 감사하는 사람이다.

　낮아도 우뚝한 산이 있고, 이름나지 않은 명승지도 있다. 전라남도 구례군 문척면 죽마리에 있는 오산과 사성암四聖庵이 그렇다. 해발 531미터의 오산은 불끈 솟구쳐서 섬진강을 발아래 휘두르고 구례 들판을 내려다보면서 가까운 지리산의 연봉들을 대좌하고 있다. 그 꼭대기 절벽에 제비집처럼 기대고 있는 사성암 절집은 깜찍하고 초연하다.

세 개의 높은 기둥 위에 법당을 만들고 바위에 음각된 마애불상을 벽면으로 끌어들인 약사전, 하늘을 겨누는 소원바위 틈바구니의 산신각, 원효와 도선, 진각, 의상 등 고승들이 기도했다는 바위, 그 위에서 조망하는 강산과 사람살이의 자취들은 너무나 아름답고 평화롭다.

성지에 도착하면 이미 우리는 탈속脫俗의 지경에 이르고, 두고온 세상을 저만치 떼어놓고 본다. 진리나 이상은 너무 멀어서 보이지 않고, 세상 도리와 인간지사는 너무 가까워서 보이지 않는다. 적당한 가시거리, 그것이 산사에서는 가능하다. 이 소중한 체험에 중독되는 것은 행운이다. 돌아오는 길, 여느 때처럼 몇 가지 얘기를 했다.

● ● ●

성철 스님은 생전의 법어에서 남자의 후반생에 경계해야 할 세 가지 병을 돈병, 여자병, 이름병이라고 했습니다. 인생의 전반은 목표에 비중을 두고 후반은 의미에 비중을 두어야 한다고도 했습니다. 스님은 산중에 들어앉아 세간과 절연하고 살았는데도 이토록 인생사를 꿰뚫어보았던 것입니다. 청정한 계율과 치열한 수행 그리고 진리를 향한 지혜가 갖추어지면 그대로 드러나는 이치이겠습니다.

이번 달에는 생각거리를 제공하는 자잘한 사건들이 많았습니다.

7월 2일. 2010년 동계올림픽 유치를 위한 국제올림픽위원회IOC의 결선투표가 체코 프라하에서 있었는데 강원도 평창이 캐나다의 밴쿠버에 53대 56으로 졌습니다. 아깝게 실패할수록 그 책임소재가 심각하게 거론되는 법입니다. 세간에는 IOC 부위원장이라는 거창한 자리에 재선된 김운용 씨가 자기의 재당선과 차기 위원장 자리를 위해 평창 유치를 의도적으로 방해했다는 주장이 제기돼, 진상조사특별위원회까지 구성할 태세입니다. 김운용 씨는 매우 운이 좋은 사람입니다. 그러나 나이 70이 넘어 더 큰 이름을 탐하다가 이런 구설에 올랐으니, 그 운이 다했다고 봐야 하겠지요. 이 시점에서 그분이 자기 체면과 지난 영광에 집착한다면 틀림없이 망신을 당하고 과거의 긴 영광마저 물거품이 될 듯싶습니다. 그것이 바로 노욕老欲의 종착지 아닐까요.

7월 7일. 동양철학자 김용옥 씨가 자기 딸의 결혼식을 자기 식대로 치러 화제입니다. 주례를 혼주인 자신이 하고, 예물 증정을 폐습이라며 생략하고 대신 재벌 회장이 선물한 고급 포도주로 건배를 하는 등 파격을 행했다고 합니다. 여기까지는 제멋에 겨워 자기 집안 행사 치른 것이라 시비 걸 일이 아닌데, 이분이 한 발 더 나아가 다른 사람들도 자기가 한 것을 결혼식의 전범典範으로 삼아야 한다고 주장했다고 합니다. 잘 나가는 사람이 꼭 너무 과해서 탈을 부르더니, 그도 예외가 아닙니다. 이쯤 하면 독선이고 교만이라고밖에 할 수 없습니다.

7월 8일. 판소리 명창 박동진 옹이 87세로 타계했습니다. 입담 걸쭉하고 당당하고 다부진 그분의 모습을 다시 볼 수 없게 됐습니다. 그의 이름 끝에는 누구나 옹 자를 붙여 불렀습니다. 그 흔한 전직 무슨 장長, 선생, 박사 따위가 아니고 그냥 늙은이라는 뜻인데 그게 그렇게 정답고 친숙하고 멋질 수가 없습니다. 소리로만 입신을 한 그에게 딱

어울리면서도 격이 느껴집니다. 꼭 일년 전 방송 대담에 나와 "이제 죽을 때가 되었어! 다시 태어나서 판소리 또 하고 싶어."라고 하던 게 기억납니다. 교회에 열심히 다닌다는 그가 막판에 사생관이 바뀐 것일까 잠시 혼란이 일었습니다.

7월 11일. 삼덕제지회사의 전재중 회장이 경기도 안양 시내에 있는 공장부지 4,800평(시가 약 300억 원)을 안양시에 무상으로 기증한다고 합니다. 도시가 확대되면서 공해 문제가 야기되자 공장을 딴 곳으로 이전하고 남게 된 비싼 땅입니다. 그는 땅값이 오른 것은 자기가 노력한 결과가 아니라면서 오히려 공장 곁에 집을 짓고 살면서도 불편을 참아준 시민들에게 감사한다고 했습니다. 가족회의에서도 흔쾌히 동의를 받았다고 합니다. 43년을 그곳에서 종이 만드는 일을 해온 사업가입니다. 복을 엄청나게 저축하고 노후를 맞는 셈입니다. 성공도 부럽지만 그 마음가짐이 더욱 부럽습니다.

7월 15일. 세종대왕 얼굴이 있는 만 원짜리 지폐에 '예수를 믿지 않으면 지옥에 떨어진다' 고 굵직하게 낙서한 것이 사진에 찍혀 신문에 실렸습니다. 전도의 맹렬함이 이제 거기까지 미쳤나봅니다.

7월 16일. 정대철 민주당 대표가 곤경에 처했습니다. 본인도 훌륭하고 돋보이는 데다, 선친은 인품으로 존경받던 정일형 박사이고 모친이 최초의 여성 법조인인 이태영이라는 가계가 빛나는 정치인입니다. 그런데 이번에 어떤 건설업체로부터 4억 2,000만 원을 받은 것이 알려져 변명의 여지없이 딱 걸려들었다고 합니다. 돈이란 주고받을 때는 우호적이지만, 언제든 돌변해 명예를 진창에 쑤셔박는다는 것을 그가 몰랐을 리 없습니다. 보도에 의하면, 국립묘지에 있는 부모 묘소를 찾아가 소주와 오징어를 놓고 지혜와 용기를 빌었다고 합니다. 그는 독실한 기독교 신자입니다. 조상 제사나 산소에서 고개도 까딱 않고 집안에 분란을 빚는 얼치기 신자들과는 좀 다른 모양입니다.

요즘은 광고나 입소문으로 포도주가 몸에 좋다고 야단들입니다. 특히 붉은 포도주는 보약처럼 신봉됩니다. 그래서 포도주가 동이 나고 수입이 급증하는 모양입니다. 몸에 좋고 미용과 정력에 좋다면 무엇이든 먹어치우는 우리나라에서 포도주는 품위마저 있어 보이니 대놓고 예찬인 것입니다. 포도주엔 레스베라트롤이라는 성분이 있는데 이것은 열악한 환경에서 사는 식물에서 자주 발견되는 물질입니다. 생명 연장의 효과가 있다고 합니다만, 아직 인간에 적용한 결과는 아니라고 합니다. 붉은 포도주는 혈액순환을 원활하게 하고 심장병 예방에 효과가 있다고 하는데 이는 프랑스 사람들이 여유 있고 느린 식사와 곁들일 때 나타나는 것입니다. 그런 프랑스 사람들이 통계적으로 심장병 발병률이 낮은 것은 사실이지만, 간장병이 다른 나라 사람들보다 훨씬 더 많다는 사실은 밝히지 않고 있다고 합니다. 무엇이든 빛이 있으면 그림자가 있게 마련입니다.

무여 스님의 조용한 사자후

2006년 5월 28일, 축서사鷲棲寺를 찾았다. 축서사는 경북 봉화군 물야면에 있다. 신라시대 문무왕 때인 서기 637년에 의상대사가 창건한 절이다. 몇 점의 문화재도 있어 역사의 깊이를 짐작하게 하지만, 그리 잘 알려지지 않은 사찰이고 절 이름 그대로 독수리가 둥지를 틀고 살 만한 오지에 있다. 그런 절이 1982년 무여無如 스님이 주석하면서 세인의 관심 속에 들어왔다. 절이 유명해서 그곳에 사는 사람들을 돋보이게 하는 게 아니라, 사람이 절을 빛내는 경우다.

금곡 무여 스님 친견을 두 달 전부터 알렸지만, 좋은 계절이라 결혼식 때문에 참석 못하는 사람들이 많았다. 일행은 모두 34명. 당대 뛰어난 선승을 만날 수 있다는 기쁨 때문인지 모두가 상기되어 있었다.

무여 스님은 1940년 김천에서 태어났다. 대학에서 경제학과를 나와 군복무를 마치고 《반야심경》을 읽다가 공空 사상에 심취해서 홀연히 출가를 결심했다고 한다. 그는 엄격한 선승禪僧으로서 평소 청정한 계율과 화두, 자비를 강조한다. 우리 일행을 만나기로 했을 때는 허리를 다쳐서 불편한 상태였는데도 접견실로 나와주었고, 시종 꼿꼿한 자세로 법문을 들려주었다. 침실 문지방조차 겨우 넘을 정도였는데 말이다. 그의 목소리는 조용했지만 특정한 단어에 강한 액센트를 두어 어투가 독특했다. 예를 들면 '꼭'이라는 부사를 사용할 때는 '꼬오-옥'하고 떨림을 넣어서 길게 끌다가 단호하게 끝맺는 식이다. 작은 소리에서도 힘이 느껴졌고 묘한 파동은 긴장감과 설득력을 더하는 효과가 있었다.

스님은 우리가 다른 스님들에게서 흔히 들었던 붓다, 경전, 절, 참선, 보시 등에 대해 말하지 않았다. 대신 많은 사람들이 학창시절에 읽었던 고전 《달과 6펜스》를 화제로 삼았다.

《달과 6펜스》는 1917년 서머싯 몸이 발표한 장편소설이다. 고갱의 생애에서 힌트를 얻어 썼다고 한다. 주인공 스트릭랜드는 영국 런던의 평범한 주식 중개인이었는데 40세 나이에, 결혼한 지 17년된 아내와 자식에게 갑자기 이별을 고하고 파리에 가서 화가가 된다. 그는 호의를 베풀어준 친구의 부인과 정을 통하여 그 가정을 파멸케 하고, 타히티 섬으로 이주해 열정적으로 그림을 그리면서 현지 여성과 결혼도 한다. 그러나 나중에는 나병에 걸려 고통의 나날을 보내게 되고, 집안에 자신이 그린 벽화를 보면서 스스로 예술가로서 절정에 올랐다는 만족감을 맛보기도 한다. 그리고 그것을 손수 불태워버리고 만다. 그

때 그는 실명한 상태였다.

이 소설에서 달은 예술가의 광기 또는 부를 상징하며, 6펜스는 아주 보잘것없는 돈(12진법을 사용할 당시 6펜스는 최소단위였다고 한다)을 의미한다고 한다. 주인공은 자신의 이상, 하고 싶은 일을 위해 일상의 의무와 평안을 과감히 벗어던진다. 특히 돈과 가정으로부터 탈출해 영혼의 자유를 얻는다.

이 이야기는 스님 자신의 고백으로 들리기도 하고, 퇴직을 하고 나이 들어가면서도 일상의 세속적 속박에서 한 발자국도 움직이지 못한 채 지혜를 찾아다니는 우리 일행에게 내리치는 경책 소리로도 들렸다. 스님의 법문은 모순과 갈등으로 가득 찬 삶에서 선은 무엇이고 악은 무엇이며, 실패와 성공이 무슨 의미가 있는지를 깊이 생각하게 했다. 욕망의 틀을 깨지 못하면 누구도 자유로울 수 없으며 자신과 가장 가까운 것들을 버리는 큰 비움이 없으면 결코 큰 것을 얻을 수 없다는 의미였으리라. 결국은 한바탕의 꿈! 그것도 이름하여 공空이라는 것이 아닌가 하는 생각도 했다. 법문이 자기의 지식을 남에게 이전하는 것이 아니고 잠자는 혼을 흔들어 깨워서 스스로 의심을 가지고 고민하게 만드는 것이라면, 무여 스님의 《달과 6펜스》 법문은 화두이자 답이었다.

무여 스님은 법문을 마친 후 원하는 사람들과 함께 사진을 찍어주었다. 훗날 사진 속의 기억이 잊혀지고 사진조차 쓸모없는 잡동사니가 될지언정, 스님은 성의있게 카메라를 향해 포즈를 취해주었다.

늙어가는 즐거움

2005년 4월 24일, 김제 망해사를 찾았다. 만경강 하류 새만금을 이루는 심포 갯벌. 거기에 닿아 있는 외롭고 조촐한 절이다. 조선시대 진묵대사가 거했다고 하며 그분의 시로 만든 대웅전 기둥의 주련이 볼 만하다.

웰빙과 젊음이 현대인의 신앙이라도 된 것 같다. 건강이 최고라고 아우성들이다. 늙지 않으려고 기를 쓴다. 그러나 청춘과 건강은 잠깐의 호사에 불과하며, 언젠가는 반드시 사라질 것이다. 주변에 돌이킬 수 없는 병으로 고생하는 분들이 늘어가고, 우리 곁을 영원히 떠나는 분도 여럿이다. 이날은 늙음을 화제로 삼았다.

모든 생명은 번식기가 절정입니다. 연어는 머나먼 대양을 거슬러서 고향으로 돌아와 알을 낳고는 죽습니다. 그래서 늙은 연어란 없습니다.

그러나 사람은 늙습니다. 어떤 여행가가 하루 종일 물담배를 피워대는 쿠르드족 남자에게 담배를 많이 피우면 뭐가 좋으냐고 물었더니, "밤새 기침을 하니 개가 없어도 도둑이 못 들어서 좋고, 일찍 죽으니 늙지 않아서 좋다"고 답하더랍니다. 그렇습니다. 오래 살면 늙는 것입니다. '늙었다'고 하는 게 도대체 언제부터일까요. 생업에 전념하거나 공익에 요긴하게 기여하지 않는 경로우대 대상자, 즉 65세부터는 사회 통념상 늙어서 '덤으로 사는 것'으로 보아도 무리가 아닐 듯합니다.

늙어지면 좋은 것이 꽤 많습니다. 별 볼일 없이 더 사는 것은 덤이고, 덤은 공짜이며, 공짜는 언제나 기분 좋은 것이지 않습니까. 물론 늙으면서 많은 것을 잃어간다고 느낄 수도 있습니다. 그러나 그것은 오해입니다. 늙으면 도리어 무거운 짐을 내려놓을 수 있습니다.

우선 생활을 강제받지 않아도 됩니다. 생각해보면 젊어서의 삶은 다른 사람의 기대와 강제에 이끌린 삶입니다. 말을 잘 들어야 하고, 공부를 열심히 해야 하고, 일을 잘 하고 돈을 벌어야 한다는 등의 의무에서 한시도 벗어날 수가 없었습니다. 그러나 늙으면 아무도 큰 기대를 하지 않습니다. 비로소 자유로워지는 것입니다. 자유를 얻으면 시간을 마음대로 쓸 수 있습니다. 적당히 게을러도 되고 하기 싫으면 안 해도 됩니다. 자고 싶을 때 자고 먹고 싶을 때 먹으면 됩니다. 이것은 대단한 특권입니다. 비로소 독립된 인간으로서 인생을 마음대로 운전해보는 것입니다.

둘째, 욕망으로부터 해방됩니다. 욕망의 충족이 삶의 목표이고 행복의 조건인 것으로 알고 살아가지만, 사실 욕망이란 보이지 않는 본능에 의해 조종되는 허상입니다. 특히 성욕은 사람을 가장 저속하게 타락시키는 제어불능의 충동이죠. 이 얼마나 지독한 족쇄입니까. 이 말에 쉽게 공감하지 못하는 이는 성욕의 완벽한 포로일 것입니다.

셋째, 경쟁하지 않아도 됩니다. 경쟁은 투쟁입니다. 그것은 사회를 사는 보통 사람들의 숙명과도 같습니다. 상처받고 고통당하는 모든 것이 여기서 비롯됩니다. 노인끼리는 대부분 모든 것이 평준화됩니다. 돈이 좀더 있는지 없는지, 자식에게 효도를 받는지 등의 기준은 있겠지만 사실 거기서 거기입니다. 서로 비교하고 따질 게 없다는 것은 평화입니다.

이상 열거한 내용만으로도 늙는 것은 생각보다 즐거운 일입니다. 물론 신체의 쇠약, 질병, 궁핍 따위가 늙는 즐거움에 훼방을 놓는다고 할 수도 있습니다. 그러나 이것은 누구나 겪는 공평한 절차라고 여겨야 합니다. 오히려 덤으로 살아보아야만 얻어지는 혜택이 많지요.

우리 주변에는 이 늙는 즐거움을 애써 거부하는 사람들이 더 많습니다. 그들은 "마음은 아직도 청춘이야" "나이는 숫자일 뿐" "건강이

제일" "젊게 살자" 등의 말을 상용하고 갖은 보양식과 비아그라, 호르몬 주사, 보톡스, 영양제, 성형, 머리염색, 화장, 사치, 몸매 가꾸기에 집착합니다. 늙음을 잠시 유예하기 위해 모든 것을 투자하며 안간힘을 쓰는 사이, 정작 즐겨야 할 늙음의 고요와 평화는 그냥 흘려보내기 일쑤입니다.

나이는 세월과 같이 자연스럽게 흘러야 합니다. 그래야 수고롭지 않고 여유 있게 음미할 수 있습니다. 태어나고 죽는 것은 사람의 의지 바깥에 있습니다. 다만 '어떻게 사느냐는 방법'만이 선택 가능하도록 허락된 것입니다. 피할 수 없는 운명은 주저 말고 받아들이는 것이 현명합니다. 늙었음을 스스로 인정하는 것은 여유 있고 너그러운 타협입니다. 석양에는 일을 멈추고 연장을 씻어야 합니다. 석양에는 아침의 싱그러움과 한낮의 들뜬 열기와는 비교할 수 없는 여유와 아름다움이 있습니다. 사소한 것이 소중해지고, 보지 않던 것이 보이고, 들리지 않았던 소리가 들립니다. 이것은 석양의 의미를 아는 사람만이, 인생 자체를 즐기는 사람만이 느낄 수 있는 보물입니다. 이런 노래를 부르면서 인생을, 늙음을 받아들이는 것도 괜찮을 것 같습니다. 어느 선사가 득도하고 남겼다는 게송입니다.

오! 정녕 놀라운지고
내가 장작을 패네
내가 샘물을 긷네

　절이 가까워졌다. 길가 밭에는 굵게 팬 보리 이삭이 바람에 물결을 이루고 있었다. 그때 한 여성 회원이 자청해서 가곡 〈보리밭〉을 열창해주었다. 그 감동이 법문보다 더 긴 여운을 남겼다.

내금강 주마간산

2007년 10월 28일, 서산 개심사와 마애삼존불을 찾은 날이다. 사람들이 다시 가보고 싶은 곳으로 꼽은 장소다. 나는 얼마 전에 다녀온 두 번째 금강산 답사 얘기를 하기로 했다.

● ● ●

나무는 버려야 할 것을 제때에 버리므로 가장 아름답게 불탑니다. 금강산이 그 이름을 봉래蓬萊에서 풍악楓嶽으로 바꾼다는 신호는 산 봉우리에서 시작됩니다. 봉화를 피워 올리자마자, 그 발빠른 전령이 이제 막 계곡 깊숙한 곳에도 닿았습니다.

아내와 함께 금강산 관광에 나선 것은 2007년 10월 6일이었습니다. 지난 6월부터 남쪽에 개방된 내금강은 7월 폭우로 길이 끊기는 바람에 10여 일 전에야 관광이 재개됐습니다. 아직 그곳을 다녀온 남쪽 사람이 많지 않았습니다.

소형버스에 몸을 싣고 외금강 온정리에서 꼬불꼬불 비포장 도로 50킬로미터를 달리니 장안사長安寺터가 나왔습니다. 족히 두 시간은 걸렸을 겁니다. 우거진 잡초 틈에서 옛 흔적을 애처롭게 속삭이는 돌계단과 석축을 따라 걸었습니다.

장하던 금전벽우金殿碧宇 / 잔재되고 남은 터에 / 이루고 또 이루어 /
오늘을 보이도다 / 흥망이 산중에도 있다 하니 / 더욱 비감悲感하여라

누군가가 혼잣말처럼 읊조리는 옛 가곡 때문에 나는 문득 울컥해졌습니다. 장엄함도 결국에는 돌과 기와 조각 몇 개로만 남고, 무성한 전설을 묵묵히 삼키고 있는 폐사지는 언제나 서글픕니다. 구석진 곳에 비켜선 부도와 비석들은 더욱 외로웠습니다. 오래 편안하라고 이름마저 장안인데 아예 열반에 들어서 적멸寂滅을 이루었나봅니다.

계곡을 따라서 조금 더 올라가면 을소鳴淵가 나오고 곧 삼불암이 보입니다. 이곳에서 나옹조사와 내기를 했던 김동거사 3부자는 돌이 되어 아직 계곡에 누워 있습니다. 가까운 곳 백화암 터에는 서산대사 부도비와 거대한 부도탑이 있고, 다리 하나를 건너면 표훈사表訓寺가 나타납니다. 금강산 4대 사찰 중 온전하게 남아 있는 유일한 절입니다. 청학대를 뒤로 하고 동서로 높은 바위산이 우뚝한데도 지세가 평안하고 계곡 곁의 숲이 짙습니다. 대웅전의 현판은 반야보전이고 명

부전, 영산전, 칠성각, 능파루 등 7개의 전각이 기적처럼 온전합니다.

갈 길이 바쁘니 잠깐만 보고 어서 떠나자는 안내원들의 재촉이 성화였지만, 언제 또 오랴 싶어 등산화 끈을 풀고 법당에 들었습니다. 불상이 박물관의 전시물처럼 외롭고 무심한 표정입니다. 염불과 기도가 없으면 불상은 그저 조형물, 절집은 건축물일 뿐입니다. 검정 옷 입은 스님은 문 밖에 섰고, 사진을 같이 찍자니까 표정 없이 응해주었습니다.

일행이 대충 200명이 넘는데 어림해보니 40여 명이 절을 하고 달러를 불단 위에 올려놓았습니다. 불교 신자들이 좀처럼 정체를 드러내지 않는 것을 생각해보면 제법 많은 숫자입니다. 먼저 간 일행을 좇아 바삐 나서다 문득 그 유명한 장수長壽샘이 여기 있다는 것이 생각났습니다. 되돌아가 몇 모금을 받아 마셨지요. 혹시라도 영험할까 누가 알겠습니까! 몇 사람이 따라 줄을 섰습니다. 계곡에는 반석과 큰 돌들이 맑은 물과 어울려 소沼를 만들고 폭포를 이루면서 장관을 연출했습니다. 멀고 가까운 산봉우리는 볼수록 기기묘묘한데 보이는 곳 닿는 곳의 돌멩이마다 헤아릴 수도 없는 이름자들이 아우성처럼 비집고 다투고 있습니다. 조선조 500년 동안 유생들은 명산에 이름 석 자를 남기기 위해 석공을 데리고 다니면서 저토록 기를 썼던 것입니다. 산 사람의 허욕이 그처럼 치열한 탓에 바위는 의미 없는 상처만 안았습니다. 후세에 지나는 길손은 허무를 느낄 뿐입니다. 더 큰 벼랑과 거석에는 현재의 정권이 '더이상의 낙서는 금지한다'는 듯 어마어마하게 크고 깊은 붉은 글씨를 새겨놓았습니다. 김일성, 김정일, 김정숙,

조선노동당, 주체, 속도전……. 깊이 파낸 구멍에 붉은 페인트를 덧칠했습니다. 천지의 주인 행세를 하면서 산의 생살을 도려낸 저 망발을 장차 어찌할까 생각하니 울분이 솟았습니다.

표훈사에서 1.2킬로미터 구간에 흑룡담을 시작으로 8담潭이 이어지는 이른바 만폭동萬瀑洞입니다. 금강산 제일의 계곡미를 뽐내는 곳입니다. 감시가 심해서 사람이 근접할 수는 없지만 물은 옥색과 비취색으로 아롱지면서 기분 좋은 함성을 토해냅니다. 한없이 부드러운 것이 단단함으로 옹골찬 바위들의 속을 깎아내고 깊이 모를 구덩이를 쪼아낸 그 장구한 세월을 생각해봅니다. 이곳을 다녀가면서 시와 그림과 글을 남겼던 선인들의 끊임없는 삶과 죽음을 헤아려봅니다.

분설담에서 보덕암으로 가기 위해 출렁다리를 건넜습니다. 붐비지 않을 때 일행에서 이탈해 조용히 다녀오자는 현대아산 김송철 부장의 권유 때문이었습니다. 그는 한사코 마다한 우리 부부를 기어이 따라다니면서 안내와 사진 촬영을 도맡아주었습니다. 법기봉을 바라보고 오르는 가파른 돌계단에서 보덕암과 그 아래 계곡과 주변 경관을 두루 살폈습니다. 이런 경치를 보려고 옛적부터 금강산을 그리도 그리워했구나 싶었습니다.

보덕암은 인공과 자연의 조화가 너무나 절묘한 작은 암자입니다. 그 자리에 꼭 그렇게 있어야 할 장식이라는 생각이 듭니다. 높이 20미터가 넘는 절벽에 19마디로 된 7.3미터의 구리기둥 하나를 세우고 그 위에 전면 측면 각 한 칸의 작은 건물을 지었습니다. 구리 기둥의 역사는 500년이라고 합니다. 암자 맨 아래쪽은 눈썹지붕, 그 위에 마루와 창문, 그 위에 팔작지붕, 또 맞배지붕, 맨 위에는 우진각 지붕을 조화롭게 꾸몄고 속은 자연 굴을 남겨두었습니다.

　암자 옆 작은 마당에는 북쪽 남녀 안내원이 지키고 있었습니다. "내부에 좀 들어가보자"고 했더니 손을 크게 가로 흔들며 안 된다고 합니다. 김 부장이 다가가 몇 마디 하니 그들은 우리 가슴에 매달린 관광증과 얼굴을 번갈아 보며 씩 웃고는 "빨리 다녀오라"고 했지요. 김 부장의 온정리 근무 5년의 관록이 압력으로 작용했던 모양입니다. 여성 안내원이 앞장서서 계단을 내려가며 안내를 했습니다. 안내원은 내부에 들어가서도 "정말 이곳은 아무나 오는 곳이 아니다"라고 애써 강조했습니다. 내부 동굴은 의외로 볼품없고 옹색했습니다. 깊이 5.3 미터, 폭은 1.6~2미터, 높이는 1~2미터의 자연굴인데, 한두 사람이 겨우 지낼 만한 공간밖에 되지 않았습니다. 안내원은 보덕암에 얽힌 전설 하나를 들려주었습니다. 회정이라는 청년이 금강산에 들어 10년 공부를 하다가 보덕각시를 만나서 연정을 품자, 보덕이 회초리로 회정을 돌려보냈다고 합니다. 회정은 마음을 고쳐먹고 더 열심히 공부해서 후에 파랑새가 되어 이 굴에서 날아갔는데, 그가 관세음보살의 화신이라고 했습니다. 남한에서 들은 전설과는 약간 달랐습니다.

　다시 계곡을 건너 되돌아와서 일행이 있는 쪽으로 걸음을 재촉했습니다. 1킬로미터쯤 가서 유점사의 말사末寺였다는 마하연 터를 둘러보고, 700여 미터를 더 가서 묘길상妙吉祥에 당도했습니다. 몇 개의 돌계단을 올라서자 넓은 마당 저편 반듯한 수직바위에 정좌한 마애불상이 시야를 덮치듯 다가왔습니다. 고려 때 나옹조사의 원불로 조성되었다 하며, 바위를 파서 돋을새김을 했는데 보기 드물게 크고 미술적으로도 수려했습니다. 연화좌에 결가부좌한 자세로, 높이 15미터에 너비 9.4미터, 얼굴 길이는 3.1미터, 너비는 2.6미터, 눈은 1미터, 귀는 1.5미터 손발이 각각 3미터쯤 되는 크기입니다. 이마에 백호가 있는 얼굴은 소박한 듯 장엄하고 입가에는 미소가 흐릅니다. 표지석을 보니 북한 국보 46호라고 적혀 있었습니다. 앞쪽에 세워진 3.36미터 높이의 석등 역시 국보 47호였습니다.

묘길상은 원래 문수보살을 뜻하는데 불상의 모양은 아미타불이라고 합니다. 어떤 혼동이 세월 속에 응고되어 다시 고쳐볼 도리 없이 그대로 전해지는 예의 하나입니다. 지극한 마음으로 삼배하고 석등 아래 휴대용 나무 불전함에 10달러를 찔러넣었습니다. 우리가 마지막이라고 재촉하는 북쪽 지킴이 여성 두 사람을 다독이며 우리는 오이와 배를 깎아 먹었습니다. 여기가 내금강 관광이 허락된 끝입니다. 머리 숙여 합장하고 오던 길로 발길을 서둘렀습니다. 유일하게 있는 초라한 좌판에서 묘길상 기념 은화 하나를 샀습니다. 오래도록 두고 보고 싶어서입니다.

돌아오는 버스에서 입구쪽 맨 앞좌석에 앉은 덕에, 운전석 뒤에 앉은 북쪽 안내원 여성과 대화를 좀 나누었습니다. 내가 7년 전 외금강 관광 때 알게 되었던 김순임이란 안내원에 대해 혹시나 아는지 물어

보았더니 오히려 그쪽이 깜짝 놀라 반색을 했습니다.

"네, 잘알아요. 키 크고……. 네, 맞아요. 지금 서른세 살 되었어요. 온정리 사람이고요. 지금은 시집갔어요. 평양 사는 대학생한테요."

그녀는 척척 대답도 잘해주었습니다. 우리 부부도 오래 전 헤어진 친구 소식을 전해들은 기분이었습니다. 예쁘고 붙임성 있더니만 좋은 사람과 연을 맺은 모양입니다. 하나 고백하겠습니다. 7년 전 나는 그 김순임이 남쪽의 좋은 선생님 만난 기념이라면서 건네준 손거울 하나를 지금도 간직하고 있으며 그후 그에게 목도리 하나를 인편에 보냈습니다. 우리는 감시와 단절을 넘어 남북교류를 했던 셈입니다.

가고 오는 길에 보았던 풍경이며 마을과 사람의 모습, 군인들, 마을마다 요소마다 늘어선 섬뜩한 구호의 간판들, 안내원들의 자화자찬 등은 다른 시비가 될 수 있으므로 생략하기로 합니다. 다만 다음날 남으로 떠나기 직전, 6일 후인 13일에 낙성 및 점안식을 하기로 되어있던 신계사에 들렀습니다. 불전 외에도 기와 불사에 동참하니 비구니 스님이 단주 하나를 건네주었습니다.

귀환하는 버스 안에서 한 남자가 큰 소리로 투덜댔습니다. "내금강은 볼 게 없더구먼. 돈만 비싸지, 불자들은 가볼 만할지 몰라도 우리들은 별로야!"

그 양반 경치 좋은 곳에 절 있고 절 있는 곳이 명승지라는 사실을 여태 몰랐나 봅니다. 내금강은 절, 불상, 고승, 전설이 넘쳐나는 불국토佛國土의 다른 이름이었습니다.

손가락을 불태운 혜국 스님

2006년 12월 10일 충주 석종사釋宗寺. 혜국慧國 스님을 만나보기로 했다. 그는 치열하게 공부하고, 극단적으로 수행하고, 열정적으로 선원을 운영하는 것으로 유명하였다. 참선도량이 동안거에 들어 모두가 묵언 수행 중인데도 혜국 스님은 우리 일행을 맞이하여 한 시간 넘게 법문을 해주었다. 활기차고 빠르고 논리 정연한 언변이다.

혜국 스님은 여섯 살 때 신동으로 신문에도 나고, 13세에 일타日陀 스님을 은사로 출가해 성철, 구산 스님의 지도를 받았다고 한다. 석종사는 조선시대 세도가가 허물어 별장으로 만들고 일제 때는 과수원을 하던 곳이다. 스님이 그 터를 조금씩 사들여 10만 평 가까운 터를 확보하고 폐사지에 절을 다시 세워 선원을 열었다. 무엇보다 오른쪽 검지와 중지, 무명지 세 손가락을 소지공양燒指供養하고 지독한 참선 끝에 견성했다는 전설적인 인물이다.

법문 끝에 질문을 드렸다.

"말씀 중에 성철 은사스님이 억! 소리를 지르고는 '이게 몇 근인고?' 하고 물은 데 대해 8년 후에야 겨우 그 답을 얻었다고 하셨는데, 그게 몇 근이던가요?"

"허! 그거 말로 할 수 없죠. 거사님이 직접 경험해봐야 아는 것, 그게 답입니다."

"역사학자 토인비 박사가 20세기 인류 역사에서 가장 중요한 사건은 세계대전이나 과학의 발전 따위가 아니라 불교가 서양에 전해진 사건이라고 갈파한 것을 인용하셨는데, 스님은 불교의 세계화를 어떻게 전망하시는지요?"

"나도 달라이 라마를 만났을 때 그걸 물어봤는데 그분은 낙관적으로 말씀하셨어요. 하지만 내 생각에는 어렵다고 봅니다."

"한때 하루 5,000배씩 하면서 수행하셨다는데, 그 많은 절이 무슨 의미가 있던가요?"

"나도 절이란 정성스럽게 한 번만 하면 되지 108배니 1,000배니 3,000배니 하는 것이 부질없다고 생각할 때가 있었지요. 그런데 해보니까 참 절 한 번을 하기 위해서는 몇 천 번의 헛 절이 필요하더라고요. 세상 모든 것이 수많은 불필요한 것이 있어야 필요한 하나가 존재할 수 있는 것과 같은 이치거든요."

"해인사 대장각에서 그 몽당 손가락 세 개를 촛불에 태우고 이른바 소지공양을 하셨다는데, 견성하고 난 처지에서 보면 그런 행위가 꼭 필요한 과정이었다고 생각하시는지요?"

"아닙니다. 하도 공부가 안 되고 답답하니까 저지른 일이지요."

"오기였습니까?"

"그렇습니다. 오기였습니다. 다만 공부를 중간에 포기하고 싶은 생각이 들거나 게을러질 때는 이 손가락 꼴을 보면 다시 각오가 새로워지곤 했죠. 되돌아갈 수 없는 다리가 된 셈이죠."

"스님은 돈오돈수頓悟頓修(문득 깨달으면 더 닦을 것이 없음) 쪽을 지지하시는지요?"

"여러 선지식 분들이 돈오돈수 또는 돈오점수頓悟漸修(문득 깨달았더라도 계속 수행해야 함)를 놓고 논쟁을 했고 최근 이 문제가 다시 대두된 적이 있었는데, (자신의 저서를 들어 보이며) 제가 쓴 이 책에서도 그 부분을 상세히 적었습니다. 이 주전자를 단면으로 보면 돈오점수가 되고 둥근 면을 그대로 보면 돈오돈수가 되는 것이지요. 즉 돈수 안에 점수가 있고 점수 안에 돈수가 있다고 보면 됩니다."

"그 말씀도 어렵기는 마찬가지입니다. 제 생각으론 사람마다 인연이 달라 제각기 색깔 있는 안경을 끼고 세상을 바라보는데 그 색안경을 벗어버리는 것이 깨달음이고, 이때 맨눈으로 보이는 삼라만상이 바로 실상이어서 따로 더 깨우칠 것이 없다는 것이 돈오돈수입니다. 반대로 안경을 벗어버렸더라도 눈을 감고 있거나 관심이 없으면 보이지 않는 것이 실상이므로 바로 보도록 노력해야 한다는 견해가 돈오점수라고 여겨집니다만……."

스님이 잠시 침묵하다가 나에게 물었다.

"거사님이 이 모임의 회장이십니까."

"그렇습니다. 나이가 비교적 많은 편이라서요."

스님이 일어나 나에게 악수를 청하며 이렇게 말했다.

"30년 전쯤에 거사님이 나를 만났더라면 틀림없이 머리를 깎았을
겁니다."

나는 웃으며 답했다.

"큰일 날 뻔했네요."

3부

강: 바다로 가는 여정

극락은 장소가 아니라 상태다

2008년 2월 24일, 양산 통도사로 가는 길이었다. 음력 정초의 보궁 참배 순례다. 지난 7일이 설날이었는데, 일행 중 한 분이 별세하여 그 믐날 발인이 있었다. 그의 극락왕생을 빌었다. 이날은 극락에 대해 생각해보았다.

• • •

신의 은총을 찬미한 불후의 명작, 단테(1265~1321)의 《신곡神曲》은 그 자신이 환상 속에서 인간의 사후 세계를 여행하고 쓴 대서사시입니다. 여기에선 지옥과 천당을 공간을 가진 장소로 묘사했습니다. 지옥은 사탄이 자리잡고 있으며 땅 속인 지구의 중심으로 내려간다고 하고, 연옥은 심판을 기다리는 장소로 바다 가운데의 섬으로 묘사했습니다. 천국은 지구 외곽에 있는 지고천至高天으로 그곳에서 신을 만나서 우러러보았다고 합니다.

《성경》에서도 천국을 설명하기를 '이 세상에 속한 나라가 아님'(〈요한복음〉18장 36절) '영원한 나라'(〈시편〉145장 13절) 등 처소Place로 설명하고 있으며, 천국에 들어갈 자와 못 들어갈 자도 구체적으로 열거되어 있습니다. 그리고 천국에서의 생활도 '살과 뼈가 있는 몸' '질병과 죽음도 없음' 등 이승의 삶을 설명하는 방식입니다. 신약성서의 마지막 글인 〈요한계시록〉에서는 천국을 갖가지 금과 보석으로 장식된 모습으로 자세히 적고 있습니다.

불교의 《아미타경》에 의하면 극락은 정토淨土인데 서방으로 10만 억 불국토를 지나서 있는 곳으로, 살아서 염불한 사람이 불과佛果를 얻어 더없이 안락하여 즐거움만 있는 곳으로 설명하고 있습니다. 지옥은 악업의 죄과로 죽은 뒤에 영혼이 가는 고통 가득한 형벌의 장소로 묘사됩니다. 더 나아가 하늘도 욕계육천欲界六天이라 하여 사천왕천, 도리천, 야마천, 도솔천, 낙변화천, 타화자재천으로 세분되고, 이 중 도리천만 해도 '수미산의 정상에 있으며 사방 봉우리마다 8개의 천이 있어 33천으로 되어 있다'고 적혀 있습니다. 각양의 극락이 존재할 하늘도 하나가 아니라 중첩적으로 무수히 존재하는 것으로 설정하여 보통 사람의 생각을 뛰어넘습니다. 지옥 또한 뇌옥, 명부, 황천, 나락 등으로 불리며 그 종류도 136가지나 되고 팔한八寒이 더해지는 등 엄청난 상상력이 발휘됩니다.

이와 같이 대표적인 종교 경전에서 천당과 극락은 죽음 뒤에 당도하게 되는 장소로 설명됩니다. 과연 그런 곳이 있을까요? 그 해답은 아마도 인간이 영원히 풀지 못하도록 되어 있을 것입니다. 그곳은 인간의 상상력과 소망이 빚어낸 환상의 세계이기 때문입니다. 종교는 이 점을 너무나 잘 알기 때문에 주저 없이 천당과 극락의 존재를 역설합니다. 살아 있는 자는 누구나 필연적으로 맞아야 할 저 무한한 미궁, 죽음에 대한 의문과 공포를 다스릴 다른 방도가 없기 때문입니다. 많은 경우 이 점은 종교가 인간에게 가하는 협박이자 유혹입니다. 성직자는 천당이라는 당근과 지옥이라는 채찍으로 아주 오래 '장사'를 할 수도 있습니다. 이때 신神은 상품입니다.

여기서 잠깐 완고하고 배타적인 종교의 울타리를 벗어나 인간이 합리성과 과학성이라는 기준으로 접근하려 애쓰는 영역을 살펴봅니다. 칸트는 서유럽의 근대 철학을 집대성하고 새로운 철학의 기초를 확립했습니다. 그는 역저 《순수이성비판》에서 이렇게 말합니다.

순수이성이란 오직 생각만으로 짜인 사고 능력을 말한다. 경험 없이 이루어진 종교, 논리가 인간의 인식에 여과 없이 영향을 미치는 것은 비판의 대상이다. 신이 있다 혹은 없다, 세상의 시공간이 유한한지 무한한지 등의 형이상학적 문제가 과연 우리 인간에게 대답할 수 있는 문제인가? 애초부터 인간은 대답할 수 없는 것을 대답하려고 했다. 이러한 인간의 사고, 즉 넓은 뜻으로 이성理性이라 불리는 것은 비판돼야 한다. 신, 자유, 영혼 그리고 우주에 대한 과학적 진실을 밝히기란 불가능하고

만약 그런 지식을 주장하게 되면 이성의 논과論過나 이율배반에 빠지게
된다.

서양 문화의 토양에서 자란 칸트의 이런 주장은 치밀하고 정직하며
용감합니다. 그는 천당과 지옥을 살아생전 야기되는 인과의 불균형을
죽음 이후에 보전하려는 장치쯤으로 여긴 것입니다. 강요받거나 길들
여진 진실을 의심하는 것은 천재들의 능력입니다.

그러면 어째서 천당, 지옥이라는 개념이 지속적으로 유지되고 많
은 인간들에게 보편타당하게 믿어지는 것일까요? 먼저 불교에서 말
하는 극락과 지옥을 다시 되짚어보면, 장소의 개념으로 설명하는 가
르침은 붓다가 직접 말한 초기불교의 개념이 아닙니다. 우선 불교가
중국에 전해진 후의 역사적 사실을 이해할 필요가 있습니다. 불교가
개인의 인격 완성을 통한 해탈을 추구하는 소승小乘 쪽으로 흐르면서
현학적이 되자, 그 반발로 이타주의에 의해 널리 인간 전체를 구제하
자고 주장하는 대승大乘 불교가 일어나게 됐습니다. 이 대승도 세월
의 흐름에 따라 점점 어렵고 복잡해지자 다시 반작용으로 쉬운 불교
를 찾게 되고, 이에 따라 극락을 빙자하여 수행과 명상을 행하는 편의
적 수단, 즉 방편법方便法이 출현하게 되었습니다. 이것은 경전과 수
행방법, 신앙의 대상이 중생의 요청에 맞도록 외양과 내용을 바꾸어
형성되고 발전하는 불교의 특성에 기인합니다. 중생이 쉽게 이해하고
염원하는 이상향인 '극락'은 여기에서 태어났습니다.

원래 불교에서 말하는 극락은 인간이 찾는 여러 감정 중 한 가지 상태입니다. 윤회한다는 육도六道(천상, 인간, 아수라, 축생, 아귀, 지옥)도 독립된 공간이나 시간의 선후를 두고 출현하는 형상이 아니라 모두 현재에서 선택적으로 경험하게 되는 상태의 포괄적 예시입니다. 모든 것은 변하고 그 변화는 인과에 따른다는 연기론, 모든 경험적 상태는 마음의 작용에 따른다는 유심唯心이라는 기본교리에 합치하는 것입니다. 죽은 뒤의 영혼이 따로 머물 장소가 있을 수 없으며 윤회를 위한 기다림의 시차가 있을 뿐입니다. 따라서 장소로서의 극락은 가설에 불과합니다.

다음으로 《성경》을 보면 천국을 장소의 개념으로 구체적으로 언급하면서도 해석을 달리해야 할 구절들이 주목을 끕니다. 예를 들면 다음과 같습니다.

또 여기 있다 저기 있다고도 못하리니 하나님의 나라는 너희 안에 있느니라. (〈누가복음〉 17장 21절)

심령이 가난한 자에 복이 있나니 천국이 저희 것임이요. (〈마태복음〉 5장 3절)

약대가 바늘 귀로 나가는 것이 부자가 하나님이 나라에 들어가는 것보다 쉬우니라. (〈마가복음〉 10장 26절)

기독교의 천국이 내 안에 있고 찾는 자의 심령과 처신에 따르는 것이라면 일체유심조라는 불교의 대표적 교의와 다를 바가 없습니다. 극락(천국)과 지옥은 있습니다. 그러나 그것은 지금, 여기를 떠난 다른 장소에 존재하는 파라다이스가 아니라 인간 개인이 마음속에서 스스로 빚어내는 하나의 상태인 것입니다. 그 상태는 또한 각기 다른 형태로 독립되어 있는 것이 아니라, 인식태도에 따라 달라지는 하나의 상태일 뿐입니다. 즉 같은 현실, 같은 상황을 보고 생각하는 방법에 따라서 천국이기도 하고 지옥이기도 하다는 말입니다. 죽어서 간다는 곳은 하나의 위안이자 희망이 될지언정, 인간의 체험으로 입증할 수 있는 개념이 아닙니다. 불이不二, 즉 모든 대립되는 것은 근본적으로 하나라는 불교의 사상을 다시 생각해봅니다.

깨달음이란 무엇입니까

2003년 6월 22일, 해남 미황사를 다녀왔다. 먼 곳에 있는 사찰은 해가 긴 계절을 골라 떠난다. 미황사에는 폐사지를 중창하여 이름난 절로 만든 주지 금강金剛 스님이 있다.

벌써 날이 꽤 더운데 차 안은 성능 좋은 에어컨 덕에 오히려 춥다. 찬 것은 어디서 만들어질까. 지극한 더위 속에서 나온다. 이날은 다소 무거운 주제들을 정리해보았다.

• • •

이 선생, 매달 떠나는 여행 중 어느 고속도로 휴게소 화장실 앞에서 당신은 뜬금없이 나에게 이렇게 말했지요.

"깨닫는다는 것이 도대체 뭡니까? 도대체 깨달아서 무엇이 달라지고 무슨 일이 일어나는 겁니까? 난 도무지 그걸 모르겠어요."

선생은 아마 내가 그런 질문에 답할 만한 위인이 못 된다는 걸 잘 알면서 그런 질문을 던졌을 겝니다. 그러니까 딱히 나에게 한 질문이라기보다는 독백이었던 셈입니다. 그런데 여러 해가 지난 지금도 당신의 그 독백은 나에게 무거운 화두로 남아 있습니다.

여러분에게 떠밀려서 법문이란 것을 한답시고 흔들리는 버스 선반을 쥐고 마이크를 잡은 게 수십 번인데, 매번 나는 헛소리를 한 듯도 하고 허공에 대고 손가락질을 한 듯도 합니다. 나는 당신이 던진 그 독백에 무릎을 꿇었습니다. 내가 넘지 못할 벽을 느꼈습니다. 내가 내 자신의 무지를 비로소 알아차렸다는 뜻이라기보, 그런 질문을 던질 수 있는 당신의 솔직함과 담대함에 충격을 받았다는 뜻입니다. 사실 우리들 대부분은 모르는 것을 모른다고 잘 고백하지 못합니다. 잘못된 질문이 자신의 무식을 내보여서 남들에게 무시당하지 않을까 하여 입을 다물게 되지요.

그건 나도 그랬습니다. 나 역시 몇 번이나 당신이 물었던 그대로 질문하고 싶었습니다. 통상 견성했다고 알려진 큰 스님을 만나면 그게 제일 궁금했지만 언제나 머뭇거리다가 말았습니다. 딱 한 번 어느 유명한 스님이 서울 도심에 빌딩 한 층을 세내어 도심 포교를 할 때 좌담의 기회가 있어서 시도한 적이 있습니다. 명문대를 나와 모 신문사의 미국 특파원을 지냈다는 그의 현대적 감각과 거침없는 달변은 어떤 갈증도 해결해줄 것 같았지요. 20여 명 정도가 둘러앉아 자유토론을 하는 좌담이었습니다. 내 딴에는 조심스럽게 변죽부터 울려본다는 심산으로 처음에 던진 질문이 "스님은 왜 출가했습니까?"였지요. 그러자 "그런 건 물어보는 게 아닙니다."란 대답이 돌아왔습니다. 움찔한 나는 멋적고 민망해서 그 다음은 물어볼 수가 없었습니다.

깨달았다는 분들에 관련된 이야기는 많습니다. 그리고 깨달음의 결론도 여러 가지입니다. 공空이라고도 하고, 연기緣起라고도 하고 마음, 또는 자비라는가 하면 무無라는 사람도 있습니다. 그 외에 평등, 불이不二, 일화一花 같은 것도 생각나는군요. 그 깨달음에 이르는 길도 어록에서 보면 세수하면서 코 만지는 것만큼 쉬운 일이라고도 하고, 마당을 빗자루로 쓸다가 돌멩이가 대나무에 탁하고 맞는 순간에 문득 깨달았다고도 하고, 촛불을 들고 야밤에 뜰 안에 내려서다가 휙하고 불이 꺼지는 순간 홀연히 성불했다는 이야기도 있습니다. 면벽 참선 몇 년, 장좌불와, 용맹정진, 무문관 생활 몇 해……. 수년 간 토굴에서 생쌀을 씹으며 뼈를 깎고 생사를 넘나드는 고행 끝에 마침내 득도했다는 이야기도 있습니다. 손가락을 태우고 명산대찰을 떠돌아다니는 등 선지식을 찾아 헤매도 깨달음의 문턱에도 도달하지 못했다는 고백도 있습니다.

깨달음의 수준에도 종류가 여러 가지 있는 것 같습니다. 한 번 깨달으면 더이상 닦을 필요가 없다는 돈오돈수와, 깨달았더라도 지속적으로 수행을 해야 그것이 유지된다는 돈오점수를 놓고도 승가에서는 갑론을박하고 있지 않습니까?

그런데도 정작 이 선생과 내가 궁금해하는 답은 없습니다. 깨달음

하나를 얻기 위해서 인생 모두를 걸고 가족도 사회적 책임도 떨쳐버리고 일념으로 매진한 프로들의 세계, 도사들의 행적이 이러한데 우리 같은 아마추어가 무엇을 더 바라겠습니까? 그렇다고 깨달음의 경지 자체를 부정해서는 안 됩니다. 그 증거는 붓다의 생과 가르침이기 때문입니다. 다만 우리는 너무 오래되지 않은 언어로 현대의 일상을 통찰하는 이웃을 만나고 싶은 것입니다.

견성, 성불, 득도, 해탈, 성문, 연각 등의 이름으로 깨달음에 이른 사람은 말해야 합니다. 그것은 회향回向의 의무입니다. 그런 기대를 받고 있는 사람들은 상투적으로 이런 말을 합니다. 깨달음이란 말로 표현할 수 없는 그 무엇, 그 경지에 도달한 자만이 스스로 맛보는 것, 열심히 공부하다 보면 문득 깨닫게 되는 것이니 말을 만들어서 말에 갇히지 말라 등등……. 이 외에도 말이나 글의 경계를 넘어선 견성성불見性成佛, 불립문자不立文字, 직지인심直旨人心, 이심전심以心傳心 등을 내세워 말과 글이라는 표현수단을 벗어나려고 합니다. 위세가 당당한 큰 스님의 법문을 들을 때 어떻습니까? 대개 어려운 말과 난해한 문자만 흩뜨려놓고는 주장으로 법상을 탕탕 치고 게송 한 곡 뽑는 것으로 끝내면, 졸고 있던 청중들은 번쩍 정신을 차리고 합장하고 허리를 굽히는 것이 대체적인 모습 아닙니까? 어떤 경우에서나 저만 알고 남이 모르는 말은 하나마나한 헛소리입니다. 차라리 "할 말 없음" 하고는 염불이나 하는 것만 못하지요.

내친김에 우리끼리 좀더 솔직히 치고 들어갑시다. 먼저 가본 사람이 길을 말할 수 없다면 그는 잘못 간 것입니다. 중생이 어리석어 말뜻을 모른다면 그것은 말하는 사람의 잘못입니다. 또 글이 어렵다면 그것은 독자의 책임이 아닙니다. 잘 모르는 것을 아는 체하니까 표현이 까다롭고 어려운 것입니다. 확실히 아는 사람은 어린아이나 무지렁이도 설득시킵니다.

붓다를 보십시다. 그는 모든 영화와 안락을 뿌리치고 스스로 고행 끝에 얻은 깨달음을 미혹한 중생에게 되돌려주고 자각하게 하느라 혼신을 다해 말해왔습니다. 무려 44년 간, 팔순에 이르기까지 말하고 또 말했습니다. 한 가지 주제를 두고 8년 또는 22년씩 끈기 있게 말했습니다. 그 노력으로 듣는 사람이 말을 줄줄 외워서 전하고 또 전해, 뒷날 문자로 된 경전이 결집되기에 이르지 않았습니까. 그 붓다의 위광으로 편히 살고, 쉽게 공부하는 전문가들이 할 말이 없다고요? 알아야 할 사람들이 사실은 모르고 있는 것입니다. 어떤 편집증적인 착각이나 환상을 깨달음으로 위장했을 수도 있지요.

우리가 살면서 보아온 범부중생을 다시 눈여겨봅시다. 나는 평소에 붓다가 말한 생각이나 행위에 대한 가르침을 대할 때마다, 어릴 적에 느꼈던 어머니와 할머니를 연상합니다. 인고의 세월을 살면서도 누구를 탓하거나 원망하지 않았고 힘든 일로 굳어진 손으로도 어루만지고 베풀었습니다. "미물도 살려고 태어났는데……."라며 불쌍히 여겼고, 남의 것을 탐하지도 않고 가난을 불평하지도 않았습니다. 그저 가족 화목하고 자식들 잘되라고 장독대에서도 빌고 부뚜막에서도 빌고 아랫목에서도 빌었습니다. 짐승한테도 악담을 하지 않았고 자기는 굶고 헐벗어도 주는 것을 좋아했습니다. 그리고 죽을 때를 알아 가만히 자식들 손잡아주며 편안히 숨을 거두었습니다. 그들이야말로 관세음이고 지장이었습니다. 그들은 따로 배우지 않고 스승이 없어도 저절로 그리 되었습니다. 붓다는 이런 이들을 연각緣覺이라고 불렀죠. 우리는 업고 있는 아이를 찾아다녔는지도 모릅니다.

지금도 우리 주변에는 탐, 진, 치 그리고 번뇌, 해탈, 깨달음에 대해 알지도 못하고 묻지도 않으면서, 자기 일 열심히 하고 가족 사랑하고 남에게 베풀면서 물처럼 바람처럼 유연하고 걸림 없이 사는 사람들이 많습니다. 그들에겐 종교도 큰 의미가 없습니다. 그들에 뭘 더 알려주고 깨닫게 할 수 있을까요?

이젠 우리들의 모습을 들여다볼까요. 대부분의 사람들은 너무 많은 것을 알고 있습니다. 정치, 경제, 사회, 문화 등만이 아닙니다. 세계, 과학, 건강, 유행, 재테크, 맛집, 분위기 좋은 찻집, 명품 등 헤아릴 수 없는 분야를 꿰고 있습니다. 책, 신문, TV, 인터넷이라는 매체들은 정보를 쏟아내고 삶을 평준화시켰습니다. 무엇이든 어설프게 아는 체했다가는 큰코 다치는 세상입니다. 한편으로 수많은 분야의 전문가가 생겨났습니다. 전문가들은 자기의 식견과 기량이 최고이고 독보적이라고 당당히 외칩니다. 별볼일없어 보이는 사람이라도 말하는 것을 들어보면 척척박사들입니다. 젊은 엄마들이 자식 나무라는 것을 유심히 보십시오. 얼마나 똑지똑지 바른말만 합니까? 거리에서나 지하철에서 어리다고 얕잡아 나무랐다가는 된통 당하는 일도 많습니다. 인생이 어떻고 진리가 무엇인지 함부로 지껄였다가는 정신병자 취급 받기 십상입니다. 실패니 고통이니 죽음이니 하는 문제를 미리 걱정 하지도 않고 현재를 즐기며 삽니다. 그것은 종교나 철학보다 더 현명 한 삶의 자세일지도 모릅니다.

더더욱 놀라운 것은 사람이 다른 사람을 평가하는 일입니다. 상대에 대해 어쩌면 그렇게 정확하게 알고 있을까요. 이 선생이 즐긴다는골프 를 예로 들어 보지요. 치는 공이 참 마음대로 날아가지 않습니다. 오죽 하면 자식하고 골프는 마음대로 안 된다는 말이 속담처럼 유행하겠습 니까. 내가 치는 공이 빗맞을 때 티칭 프로가 와서 교정을 해주면 그때 는 그게 바로 잡히는데 조금만 지나고 나면 다른 문제가 터져나오지 요. 자신의 단점은 그만큼 고치기가 힘든 법입니다. 그런데 희한한 것 은 그런 사람도 다른 사람이 공치는 것을 보고는 어디가 잘못되었는지 단박에 알아보고 참견한다는 겁니다. 매사에 남 가르치는 데는 모두가 선생이고 깨달은 자입니다. 다른 일도 대부분 그렇지요.

우리가 고민해온 과제가 여기에 있습니다. 붓다의 가르침은 한 마 디로 요약하면 '너 자신으로 돌아가라' 입니다. 공이니 연기니 바라밀 이니 하는 것은 곁가지입니다. 곁가지에는 열매가 맺지 않습니다. 세 상을 사는 지혜와 덕목이라는 예의, 도덕, 자비, 사랑 등의 본질은 '입 장 바꾸기' 입니다. 이제 마무리를 할까요. '내가 남을 보듯 내가 나를 보는 것.' 그것이 깨달음 아닐까요? 이 선생 생각은 어떻습니까.

낯선 이의 재灰를 맞다

2007년 3월 25일, 고성 건봉사를 다녀왔다. 일행은 34명으로 단출했다. 이 자리에서는 지난 3월 5일부터 3월 17일까지 우리 도반 8명과 함께 네팔과 인도를 돌아본 경험담을 말하였다.

* * *

바라나시! 네팔과 접경하고 있는 인도의 우타르 프라데쉬 주 동쪽에 위치한 도시지요. 이곳에 히말라야의 설산 만년설이 녹아 흘러든 거대한 강 갠지스가 있습니다. 인도를 다시 가되 꼭 한 군데만 골라서 가라면 나는 주저 없이 바라나시의 갠지스 강을 고를 겁니다. 나보다 먼저 인도를 다녀온 가톨릭 신자 이윤수 님은 우리의 버스 여행에서 여행담을 수채화처럼 펼쳐내면서 "갠지스는 아련한 고향처럼 다시 가보고 싶은 곳"이라고 말한 바 있습니다. 미국의 문호 마크 트웨인도

"역사보다, 전통보다, 전설보다 더 오래된 도시"라는 말을 남겼습니다. 여행 안내서에도 이렇게 적혀 있습니다. "인도를 생각하면 떠오르는 모든 이미지를 한 품에 안고 있는 도시, 바라나시를 보지 않았다면 인도를 보지 않은 것이고 바라나시를 보았다면 인도를 다 본 것"이라고.

바라나시는 기원전 600년경 당대의 지배 종교였던 바라문교의 한계를 극복하려는 신흥 사상가들이 몰려들어 지식과 사상을 나누고 겨루었던 도시입니다. 붓다가 된 싯다르타도 그중 한 사람으로서 그곳에 머물거나 지나다니며 인본주의와 인간의 평등을 주장하는 개혁 사상을 설파했을 것입니다. 붓다가 다섯 명의 제자를 두고 첫 설법을 행한 초전법륜지 사르나트도 이곳에서 멀지 않습니다.

우리의 여행 가이드 아베섹은 "이곳은 시바신이 만든 도시로 7,000년 전부터 존재한 인류 최초의 문명 발상지"라고 목청을 돋워 자랑했습니다. 아득한 것, 거대한 것, 신비스러운 것들이 압도하는 현장에서는 어떤 말을 붙여도 다 진실입니다. 그것은 말과 상상을 벗어나 있기 때문입니다. 그곳에 당도한 때는 어두운 밤이었습니다. 최근에 완공된 호화로운 라마다 호텔에 묵게 되었구요. 가이드가 "인도에서 알아주는 마피아 두목이 경영하는 곳"이라고 귀띔을 했습니다. 야릇한 안도감이 스쳤습니다. 돈과 힘은 원하는 곳 어디에든 천국을 만들 수 있습니다. 그리고 맥없는 나그네는 돈으로 그 천국을 잠시 빌리곤 평안을 얻는 것입니다.

우리는 그 대리석 덩어리의 호화로운 '천국문'을 다음날 새벽 5시에 나섰습니다. 여명의 어둠 속, 문명의 절정에서 갑자기 원시의 밑바닥으로 발을 딛는 듯한 느낌이었습니다. 잠시 버스를 타고 상점들이 즐비한 강가에 내려, 강을 향해 걸었습니다. 하늘은 아직 칠흑처럼 어두운데, 상점마다 켜놓은 강력한 백열등 불빛에 눈이 부셨습니다. 새벽 별빛도 녹아 없어졌습니다. 현란한 동굴 같은 길가 가게엔 죽은 자와 산자를 위한 갖가지 물건들로 가득하고, 펄럭이는 천 조각들이 형형색색인데 유독 붉은 색이 압도적입니다. 붉은색이란 삶의 열정과 죽음의 해방 양쪽 모두를 아우르는 영묘한 색깔인 것 같습니다.

산들거리며 몰려오는 새벽바람에 야릇한 냄새들이 한데 어우러져 코를 찌릅니다. 무언가 타는 듯 매캐한 냄새는 살과 나무가 함께 재로 변할 때 나는 냄새일 것입니다. 구리고 짭짜름한 냄새는 사람과 짐승들이 쏟아낸 배설물 때문일 것입니다. 향불에서 나오는 진한 향내, 뒤범벅된 여러 인종들의 살갗에서 풍기는 냄새, 무언가 썩는 냄새. 많은 사람들이 미리 정보를 입수했는지 마스크를 쓰고 다녔습니다. 하지만 고생을 무릅쓰고 여행을 하는 것은 바로 이 정제되지 않은 냄새와 살갗에 닿는 바람과 이 음향을 직접 느끼고 싶어서가 아닐까요.

구걸을 하는 사람들이 떼로 몰려 사람들 사이를 헤집고 다닙니다. 어린 것, 늙은이, 불구자, 아기를 옆구리에 낀 여인 등 가련과 처참을 애써 연출해가면서 까만 손들을 내밀고 달려들었습니다. 그들의 눈망울은 하나같이 나그네의 눈을 뚫어져라 응시했습니다. 바로 지척에 죽음이 널려 있어도 산 자는 살아야 한다고, 살기 위해서는 먹어야 한다고, 먹고 살려면 이 길밖에 없다고 말하는 가련한 손과 애절한 눈이 그처럼 억척인데도 어찌하겠습니까! 적선이나 보시를 선택해야 하는 인간의 번민을. 너무 흔한 것은 무시됩니다. 그러므로 그들을 뿌리치는 것은 인색이나 비정이 아닙니다. 도무지 감당할 수 없는 것으로부터의 도피일 뿐입니다. 그래도 마음이 몹시 여리거나 대담한 자의 보시행이 있기에 저들도 살아 있을 터입니다. 역시 개똥밭에 굴러도 이승이 나을 테지요.

강가의 긴 계단, 가트로 향하는 길목엔 모든 것이 다 있었습니다. 삶과 죽음, 가짐과 버림, 빈곤과 풍요, 안락과 공포, 호기심과 냉소, 그 외에 생각해낼 수 있는 모든 것들이 다 존재했습니다. 아마도 극락과 지옥도 여기서 만날 것입니다. 아수라장 같으면서도 숙연한 침묵이 깊게 박혀 있는 곳입니다. 오로지 나만 외톨이가 되어 오싹하게 외로움을 느끼다보니 마침내는 나마저도 오간 데 없습니다. 모두가 타인이고 모두가 하나인, 이상야릇한 곳입니다.

강가 선착장에서는 수십 척의 나룻배들이 먹이를 향해 달려드는 물고기처럼 떼로 머리를 박고 기다리고 있었습니다. 배에 올랐습니다. 30여 명이 탈 수 있는 배를 두 사람이 노를 저었습니다. 배는 안락한 도피처였습니다. 비로소 우리끼리의 익숙한 평온을 되찾았습니다. 대체로 뭍에서 강을 바라보지만 강에 들어와서 뭍을 살피는 것은 언제나 짜릿하고 신나는 일입니다. 강가에는 85개의 계단식 제방과 12개의 화장터가 있다고 했습니다. 우리가 안내된 곳은 규모가 가장 크다는 가트였습니다. 검푸른 물을 가르면서 서서히 나아갑니다. 뱃전에는 작은 보트를 날렵하게 움직이는 상혼들이 따라붙었습니다. 기념품, 강물 담는 병, 촛불을 켜는 연꽃 모양의 등, 사진첩, 심지어는 방생을 하라며 작은 비닐봉지에 가두어둔 물고기도 있었습니다. 쇠붙이로 만든 항아리 모양의 작은 물병 두 개를 샀습니다. 저쪽에서 3달러씩 부르던 것을 이쪽에서 1달러씩에 사라고 해서 싸다 싶어 얼른 거래를 했는데, 잠시 지나고 보니 그들의 단수 높은 상술에 깜빡 넘어간 게 아닐까 싶었지요.

강물에 깊숙이 손을 담가보았습니다. 푸르고 맑은 물은 따뜻했습니다. 얕은 물가와 계단에서는 목욕을 하는 사람들이 많았습니다. 앞만 가리고 손으로 물을 퍼서 끼얹는가 하면 옷을 입은 채로 수영하고 연신 잠수를 하는 사람들도 많았습니다. 가족인 듯한 남녀와 어린이가 물장구를 치고 있는데 표정이 밝고 행복해 보였습니다. 주로 흰 옷을 입은 이들은 힌두교도라고 하는군요. 이 성스러운 강물에 몸을 씻으면 지은 죄업이 모두 씻기고 내생에 좋은 곳에서 태어난다는 강한 믿음을 갖고 전국 각지에서 몰려든 순례자인 것입니다. 그들은 죽으면 재가 되어 이 강물에 뿌려지는 것을 최고의 소망으로 삼고 있다니, 그 사생관이 경이로울 뿐입니다.

먼저, 강 건너의 모래톱으로 가보기로 했습니다. 배에서 내려 모래밭을 거닐었습니다. 엄청난 모래 벌판이 끝 모르게 펼쳐져 있습니다.

모래를 손으로 잡아보았습니다. 모래알이 유난히 작고 견고하고 매끄러웠습니다. '아마도 모래시계는 이런 모래로 만들겠지'라는 생각이 들더군요. 조금 전에 산 물병에 아내가 모래를 한 움큼씩 퍼담고는 뚜껑을 꼭꼭 닫았습니다. 설산의 눈이 녹아 흐르면서 바위를 깎아내리고, 그 떨어져나간 단단한 돌이 수천 수만 리 물길에 부대끼면서 점으로 흩어져 이렇게 큰 대지를 이루어낸 장구한 세월 그리고 그 일부가 우리의 가방 속에 들어가는 인연을 생각했습니다.

《금강경》에서 붓다가 제자들과 나눈 대화가 생각났습니다.

"수보리야, 갠지스 강에 가득한 모래알의 수만큼, 이 모래만큼의 갠지스 강이 있다고 하자. 네 뜻이 어떠하뇨! 이 모든 갠지스 강의 모래는 참으로 많다 하지 않겠느냐?"

"참으로 많사옵니다, 세존이시여!"

우리는 그 갠지스와 그 모래를 만지고 있는 것입니다. 2,600년의 세월 저쪽과 이쪽이 맞닿아 있다는 느낌입니다. 먼 지평선에서 붉은 빛이 번지더니 말간 해가 손톱처럼 비집고 솟구칩니다. 순간 천지와 만물이 붉게 물듭니다. 강가의 가트와 화장터에도 빛이 쏟아졌습니다. 이곳의 일출은 화사한 환희로 차 있다기보다는 사뭇 비장하고 엄숙했습니다.

다시 배에 올라 이제는 화장터 쪽으로 다가갔습니다. 사진 촬영은 절대 안 된다고 가이드가 반복해 일러주었습니다. 장작 더미에서 사람의 시체가 불타고 있었습니다. 하얀 연기가 하늘과 강으로 흩뿌려

집니다. 사람이 태워지는 모습을 맨눈으로 본다는 것, 그것도 공공연하게 관람한다는 것이 잔혹하게 느껴지기도 했습니다. 참으로 생소한 광경입니다. 그럼에도 담담하게 구경할 수 있었던 건 그곳이 갠지스 강이었기 때문일 겁니다.

재지스의 화장터는 삶과 죽음, 인간과 자연이 서로 하나로 통한다는 사실을 사무치도록 느끼게 하는 학습장입니다. 타고 있는 시신, 흰천과 꽃사슬을 두른 채 불태워지기를 기다리는 시신, 재가 된 시신을 강물에 퍼 나르는 모습. 팔리기를 기다리는 나무토막들, 어슬렁거리는 개 떼들이 어지럽고, 지척의 건물에는 죽음을 기다린다는, 박제 같은 사람들의 모습도 보였습니다. 타다 남은 찌꺼기들을 얼마나 퍼부었던지, 재가 강물에 씻겨 흐르고도 수면 위로 섬처럼 솟아 있었습니다.

마침 한 어린 소년이 쏟아버린 재가 우리 쪽으로 풀풀 날아왔습니다. 아무도 말이 없었습니다. 우리가 알지 못하는 어떤 사람이 불타고 난 재가, 미처 강에 스며들지 못하고 우리의 머리카락과 옷자락에 살포시 내려앉는 것을 보며, 모두들 말을 잃은 채 그것을 바라볼 뿐이었습니다.

인간이 가장 겸손하고 진실되며 평온한 때는, 아마도 죽음에 당면해 그것을 온전히 받아들이는 때일 것입니다. 안타까운 것은 그러한 성숙이 너무 늦게, 마지막이 다 되어서야만 온다는 것입니다. 살아서 남의 죽음을 통해 나의 끝을 미리 돌아본다는 것이 갠지스 강을 다녀가는 사람들이 챙기는 선물입니다.

중독되는 종교

2003년 11월 23일, 부여 고란사였다. 낙화암과 고란초로 유명한 절. 오늘은 우리와 같은 아파트에 사는 부부가 함께 했다. 이날은 조심스럽게 종교 이야기를 다듬어 옮겨보았다.

● ● ●

"아직도 담배를 피워?" 하고 물으면 골초들은 쑥스러워서 전전긍긍입니다. 금연운동이 하도 일반화되고 간접흡연의 해악도 잘 알려진 터라, 그들은 숨어서 도둑질하듯 담배를 빨아댑니다. 이런 모습은 최근에 나타난 현상인데 일대 사변입니다. 멀지도 않은 과거에는 흡연이 상식이었습니다. 사람을 만나면 악수하고 담배 권하고 라이터로 불을 붙여주는 것이 의례적 절차였습니다. 가정집의 거실, 사무실 책상 위, 응접실 탁자에는 예외 없이 담배와 재떨이가 비치되어 있었고,

달리는 기차와 택시 좌석에도 재떨이가 부착되어 있었습니다. 군에 입대하면 이틀에 한 갑씩 화랑담배가 사람 숫자대로 배급되었습니다. 아리랑, 신탄진, 청자, 한산도, 거북선, 솔, 88, 디스 등은 1960년대부터 1990년대까지 풍미하던 인기 담배 이름입니다. 당시 창궐하던 끽연은 무지와 유행이 중독이라는 병증에 빠진 사회현상이었습니다. 이제야 그 수렁에서 빠져 나오려고 안간힘을 쓰고 있는 것입니다.

종교도 담배와 비슷한 중독성을 가지고 있습니다. 그 중독성으로 시간과 돈과 인격과 가정이 망가지기도 합니다. 다른 점은 담배처럼 대놓고 그 위험을 고발할 수 없는 점입니다. 담뱃불이 들불처럼 번지고 있을 시기에 우리 사회엔 종교도 뜨겁게 달아올랐습니다. 우리 사회에 지난 한 세대 동안 일었다가 소멸된 광기狂氣는 셀 수 없이 많습니다. 미니스커트, 장발, 반공, 아파트 청약, 복권, 과외 등이 그러합니다. 소위 말하는 우리나라의 냄비 근성, 벌떼 기질이라는 쏠림 현상들입니다. 이런 광기들 중에서 담배와 종교를 나란히 비교하는 것은 둘 다 산업화의 변동곡선과 궤를 같이 한다는 점, 라이프 사이클이 매우 길다는 점, 어떤 만족감을 준다는 점이 같기 때문입니다. 무엇보다 순전히 개인적인 체험으로서 객관화 하거나 형상화 할 수 없는 것이 꼭 같습니다. 그리고 중독성과 전염성도 닮았지요.

종교도 담배처럼 고독과 공허를 파고들며, 누군가가 권해서 시작합니다. 담배를 두고도 예찬론이 엄존하지만, 종교에 대한 예찬은 절대적이고 배타적입니다. 무엇보다도 그 믿음이라는 것은 너무 쉽게 맹신이나 광신 쪽으로 흐릅니다. 그것이야말로 남은 아는데 당사자는 모르는 중병입니다. 그렇게 되면 고질적인 아집의 벽에 갇히게 되고 내 편과 네 편, 선과 악으로 나누어 재단하게 됩니다.

많은 경우 종교가 없는 것이 더 평화롭습니다. 터무니없는 교리에 골몰하는 것보다 잠자코 사는 것이 더 종교의 본질에 가까운 것 같습니다. 인간의 길흉화복을 신이 주재한다고 믿는 종교가 더욱 문제입니다. 종교가 돈을 요구하거나, 신의 대리인임을 자처하는 인간이 행세를 하면 그건 대부분 사기입니다. 이른바 성직자는 고대에는 무당과 역할이 같았고, 지금도 그와 크게 다르지 않습니다. 그들은 미혹하고 불안한 신도들을 위협하며 삽니다. 그것은 아무도 경험하지 못했고 알아낼 수 없는 운명이나 죽음의 문제를 놓고 벌이는 장사로서, 아주 오래 해먹을 수 있다는 특징이 있습니다.

불교에도 장사꾼, 사기꾼들이 있습니다. 2002년 16대 대선에 김모라는 스님이 후보로 나왔었습니다. 얼굴이 번들거리고 광채가 나는 그는 번쩍거리는 주황색 비단 승복을 입었습니다. 불법을 널리 알리고 부처의 법대로 세상을 다스리겠다는 것이 출마의 변이었는데, TV 토론에 나와서는 거의 모든 주제에 대해 아무 대답도 하지 못했습니다. 그는 꼴찌기는 해도 5만여 표를 얻었습니다. 그런데 그가 이듬해 다시 뉴스에 등장했습니다. 그가 대선 전, 자신이 대통령이 되면 국회의원 전국구 3번이나 국무총리 자리를 주겠다며 여성 신도로부터 수억 원의 돈을 갈취하고, 종교시설 건립비로 70억 원을 받아냈다는 사실이 드러난 것입니다.

미지의 삶을 사는 인간의 불안을 다스리고 영혼을 기대게 하는 데 종교 말고 무슨 대안이 있느냐고들 합니다. 사람이 종교를 갖되 거기에 숨겨진 기만과 중개인의 꾐에 빠지지 않는 길은 그 종교의 진리와 직접 대면하는 것입니다. 종교는 사람이 만들었고 신의 존재와 경전 역시 사람이 꾸며낸 것임을 아는 일이 첫 번째 관문입니다. 혼자임을 두려워하지 않고, 불안까지도 생의 한 부분으로 받아들이면 속지 않고 살 수 있습니다. 자기를 구원하는 길은 자신에게만 있습니다. 하늘은 스스로 돕는 자를 돕는 법, 속지 않고 살려면 무소의 뿔처럼 혼자서 가야 합니다.

극작가 버나드 쇼는 죽기 전 자기의 묘비명을 이렇게 썼다고 합니다.

"우물쭈물 하다가 내 이럴 줄 알았지."

속지 않고 사는 길은 바른 견해, 바른 가치관을 갖는 것입니다. 붓다는 초기 법문에서 인간의 고통을 소멸하는 길을 여덟 가지八正道로 제시하면서 그 첫째를 정견正見이라 했습니다. 정견은 깨달음의 시작이면서 끝입니다.

종교의 본질은 초현실적이고, 현실 세계나 다른 가치에 대해 배타적입니다. 때로는 화려한 독버섯일 수 있습니다. 종교를 모두 알려고 하는 것은 종교에 빠져 생활이 온통 그것으로만 가득 차는 것과 마찬가지로 위험하고 낭비적입니다. 먼 곳으로 여행을 할 때 비행기를 타는 것이 편리하지만, 각자가 비행기를 구입하는 게 아니라 잠시 삯을 내고 빌리는 것과 같은 이치입니다. 먼 길을 빨리 가려고 애써 축지법을 배우지 않아도 됩니다. 종교 경전이 필사본으로 소수의 수중에만 있고 문자를 이해하는 사람이 드물었던 시대가 아닙니다. 우리가 궁금한 것을 알려주는 수단은 차고 넘칩니다. 그것을 선택하고 이용하면 족한 것 아닐까요. 다행히 우리나라는 종교의 선택이 개인의 자유에 맡겨져 있습니다. 특정 종교를 맹신해 다른 사람으로부터 걱정하는 말을 들을 정도라면 이 이야기를 되새겨보는 게 좋겠습니다.

부산의 한 시장 건물 옥상에 가건물을 짓고 사는 동네가 있어서 방송사에서 몇 번 그곳의 사는 모습을 소개했습니다. 방송기자가 그곳에 사는 60대 여인에게 살기가 어떠냐고 물어보니 돌아온 답이 이랬습니다. "방 따숩고 수도 나오니 살기 좋다. 앞으로 죽을 때 잘 죽으면 더 할 수 없이 좋은 거다." 이런 사람들에게 무엇을 더 가르치고 구원해줄 것이 있겠습니까. 스스로 터득해서 얻어지는 삶의 지혜, 욕심과 집착을 떠나버린 상태가 곧 종교의 지향점이라고 생각합니다.

• • •

고란사에는 배를 타고 갔다. 강을 끼고 있는 몇 안 되는 사찰이다. 무공 총무스님이 법문 대신 대금을 연주해주었다. 스산한 날씨에 강물 위로 퍼지는 음률에 우리는 넋을 잃었다. 훌륭한 법문을 들은 느낌이다. 오는 길에는 인근의 무량사까지 들렀다.

전생이 현생을 낳는다

2002년 10월 27일, 순천 선암사를 찾았다. 봄 경치가 더 아름답다는 태고종의 종찰이다. 선암사 가는 길에는 마침 고은 시인의 전집이 세간의 화제가 되고 있기에 한때 승려였던 그분의 전생담을 소재로 이야기를 시작했다.

· · ·

시인 고은 씨가 자신의 45년 문학인생을 담은 38권짜리 전집을 출간했습니다. 200자 원고지 12만 장에 달하는 방대한 저술이라고 합니다. 이 책 서문에 원고지 70장 분량으로 자기의 연보年譜를 적었는데, 그중에 전생에 관한 것이 세간의 관심을 끌었습니다.

먼 옛날 세습 방랑 시인으로 출생. 한때 디오니소스의 친구. 기원전

1125년 카스피해에서 암말로 출생. 아기 무당. 1302년 장소 미상의 술집 주모. 1422년 중앙아시아 사마르칸트 출생. 주로 행상. (…) 1847년. 안면도 출생, 귀머거리 머슴. 술을 너무 좋아했다.

이 글을 읽으면 소설가이기도 한 저자의 상상력이 종횡무진으로 내달리는 듯, 황당하기도 재미있기도 합니다. 사람이 가진 영감, 예지, 투시 따위의 특수한 재능은 보통 사람의 상식으로는 설명되지 않는 경우가 많습니다. 특히 자신과 비슷한 부류를 전부로 알고 정신력이 응고된 경우에는 이런 이야기를 믿지 못할, 꾸민 것으로만 단정할 것입니다. 아마도 고은 씨에게는 자기만 아는 세계가 있을 것입니다. 아는 자가 모르는 자를 설득하기 힘들 듯이, 모르는 자가 아는 자를 이해하기도 어려운 법입니다. 다만 이 격정적이고 걸출한 민족시인이 윤회輪廻를 철저하게 믿고 있다는 점은 확실했습니다.

생명이 윤회한다는 삼사라Sam Sara는 거대 종교 중 가장 오랜 역사를 가진 힌두교의 기본적 교의敎義이고, 불교도 이에 뿌리를 두고 있습니다. 이를 너무나 당연한 우주적 질서이자 실체적 진실이라고 믿는 것입니다.

붓다는 인간이 지니는 모든 성질이 각자의 생각과 전생에서 집적된 행위의 결과라고 했습니다. 그리고 자기가 지은 '업(카르마)'에 따라 육도六道(지옥, 아귀, 축생, 아수라, 인간, 천상)의 다른 세계에 그 과보대로 다시 태어난다고 했지요. 따라서 현재 나의 모습은 과거, 전생에 지은 업의 결과이고, 현재는 미래의 나를 결정짓는 원인이 됩니다. 현재의 나를 살펴보면 과거의 모습을 유추할 수 있는 것입니다. 윤회를 전제하지 않고는 계속되는 생명의 탄생을 달리 설명할 수가 없습니다. 이 점에 대한 인식은 매우 중요합니다. 강물이 계속해 흐르는 것은 바다와 구름과 비의 순환의 틀 안에 있기 때문입니다. 자동차가 계속 달리는 것은 끊임없이 제자리로 돌아오는 바퀴가 있기 때문입니다. 물리학에서 말하는 에너지 · 질량 보존의 법칙도 우연한 것이 아닙니다. 순환, 즉 되풀이가 없으면 '계속'이라는 개념이 성립되지 않습니다.

업을 전제하지 않고는 사람이 왜 저마다 다른 성격, 재능, 건강, 운명, 인연 등을 가지고 태어나는지를 설명할 길이 없습니다. 바꿔 말하면 개성과 차별점을 결정짓는 원초적 요소, 그것이 바로 업입니다. 업은 당연히 그 전에 일어난 행위의 결과입니다. 이것을 하나로 묶어서 보는 것이 바로 윤회라 할 수 있습니다.

현대 심리학에서는 개인차가 유전자와 환경에 의해 결정된다고 설명합니다. 같은 형제자매 심지어 쌍둥이까지도 각기 다른 자질과 운명을 지게 되는 것, 각자의 유전과 환경에 닿는 연결고리가 바로 전생의 업입니다. 경험으로 인식된 이치만을 진실이라고 믿는 철학에 갇혀 있다보면 이해되지 않는 부분입니다. 하지만 생이 일회적이고 신神의 의지에 의해서 그때그때 창조된다고 하는 주장보다는 더 설득력이 있습니다.

1995년 우리나라에 소개된 《전생요법*Past Life Therapy*》이란 책이 있습니다. 미국의 뇌과학 분야 권위자인 브라이언 와이스가 쓴 책입니다. 서문에서 그는 자기의 임상 경험이 진실에 기초하고 있음을 강조하면서 최근 많은 사람들이 전생의 기억, 유체이탈, 임사체험, 망자 출현 등의 현상들을 보고 듣는 사례가 수없이 쏟아져 나오고 있다고 했습니다. 특히 1975년 이후 미국에서는 이런 것들이 문화의 일부로 확고히 자리잡았다고 합니다. 와이스는 한 여성 환자를 치료하며 전생을 탐구하기 시작했습니다.

불안, 공포, 우울, 악몽 같은 것에 시달리던 이 환자가 약물복용을 거부하자, 와이스는 정신 집중을 유도하기 위해 최면 치료를 시작했습니다. 깊은 최면 상태에서 환자가 기억하지 못했던 사건들을 표출시키는 데는 성공했으나, 병의 증상은 호전되지 않았습니다. 그는 환자에게 더 깊은 최면을 유도하면서 "당신이 지금의 증상을 일어나게 한 그때로 가보세요."라고 했지요. 그랬더니 놀랍게도 환자는 4,000년 전 근동 지방에서 살았다면서 그곳의 지형, 의복, 일상생활 등을 조목조목 설명한 뒤, 자식을 물난리에 잃은 일을 기억해냈습니다. 그리고 18세기에 스페인에서 창녀로 살았던 일, 그후 그리스에서 산 일 등 더 많은 전생을 기억해냈지요. 이 여성 환자는 전생을 기억해낸 것만으로도 정신병적 증상이 치유됐다고 합니다.

와이스는 이 일을 시작으로 책을 쓸 때까지 수백 명의 환자들을 전생으로 퇴행시켰으며, 우리의 육체가 죽는다고 해서 영원히 없어지지 않는다는 것을 깨달았다고 적었습니다. 전생으로 퇴행하는 기술과 수단으로 최면 외에 꿈, 명상, 자기관찰, 기시감旣視感 등도 소개했습니다.

그는 이후 서양 종교사에서 자신의 체험이 과연 최초인지 의문을 갖고 조사했다고 합니다. 그는 유대교나 기독교에서도 윤회에 대한 믿음이 뿌리내리고 있었다는 사실을 알아냈지요. 유대교에서는 윤회와 길굴gilgul(죄를 지어 이승에 남게 된 영혼)에 대한 믿음이 있고, 정통파 유대교와 하시니즘 교파에서는 오늘날까지도 윤회를 믿고 있으며, 오래된 유대교 비전秘傳인《카발라》는 환생에 대한 언급으로 가득 차 있다고 합니다.

또 신약성경에 윤회에 대한 언급이 실려 있었으나 4세기 콘스탄티누스 대제가 기독교를 공인하면서 삭제해버렸다는 사실도 알게 되었습니다. 또다시 살 수 있는 기회가 있다고 믿는 시민은 모든 인간에게 단 한 번의 최후의 심판만 내려질 뿐이라고 믿는 사람보다 덜 순종적일 것이므로 제국의 안정에 위협이 되리라고 판단했기 때문입니다. 6세기 제2차 공의회는 윤회를 이단이라고 공식선언했고, 윤회를 말하는 자는 가혹한 처형을 받게 되었습니다. 따라서 전생이라는 개념은 교의에 의해서가 아니라 정치적으로 말살된 것입니다. "이제는 강요된 진실에서 벗어나는 것이 자연스럽다"는 것이 와이스의 주장입니다.

와이스와 같은 학자 몇몇의 연구와 체험이 보편성을 담보하는 것은 아니지만, 이런 류의 보고는 근래 숱하게 쏟아져 나오고 있습니다. 동양 문화권 외에서도 윤회를 관심 있게 받아들이고 있다는 점에 주목하게 됩니다.

• • •

우리나라의 한 유명 인사가 달라이 라마를 만나서 "당신은 진정 해탈을 원하십니까?" 하고 물었더니, 달라이 라마는 "아니요. 환생을 원합니다."라고 대답했다고 한다.

일행 중 한 사람이 말했다. "다시 산다는 것, 너무 좋지 않나요? 그 놈의 공부하고 시험만 없으면 말이죠."

'왜'라는 물음이 거부되면 죽은 진리다

2001년 2월 25일, 김제 금산사. 후백제의 견훤이 아들에 의해 유폐되었던 절이고, 미륵 신앙의 본거지이다. 나중에 조계종 포교원장을 지낸 주지 도영道永 스님은 눈빛이 형형하고 자세가 꼿꼿한 분이었다.

인간이 스스로 한계를 극복하기 위해서 만들어낸 종교와 사상이 오히려 인간을 옥죄어 구속하는 경우가 많다. 불교의 궁극점은 자유롭게 의심하는 것이라고 정의하고 시작한 이날의 법문 내용이다.

● ● ●

'왜?'는 까닭, 이유를 묻는 의심입니다. 의심은 인간이 이루어낸 창조, 발명, 발전, 개혁, 탐험, 개선, 진보 등 모든 향상과 변화의 원동력이지요. 그리고 의심이란 것은 인간에게만 주어진 특별한 능력입니다. 인간 개개인의 차별화된 능력과 수준이라는 것도 이 '왜?'라는 의심의 빈도와 강도에 따라서 결정되는 것 아닌가 싶습니다.

공부하는 아이들을 보면, 책에 씌어진 대로 선생이 가르치는 대로 이해하는 데 만족하고 그 범위를 벗어나기를 꺼리는 아이가 있는가 하면, 당연하다고 생각되는 것도 비판적으로 다시 보고 왜 그럴까 끊임없이 묻고 탐구하면서 울타리를 벗어나는 아이가 있습니다.

시험을 치르고 나면 전자는 몇 개를 맞혔다고 좋아하지만, 후자는 자신이 무엇을 틀렸고 왜 답을 몰랐는지를 곰곰이 생각합니다. 그 장면만 보면 전자가 시험을 잘 본 것 같은데, 뒤에 성적표가 나올 때 보면 후자가 월등합니다. 이처럼 아는 것에 집착하는 아이와 모르는 것에 관심을 두는 아이는 성년이 될수록 점점 격차가 나고, 세상을 살아가는 방식도 달라집니다.

'왜?' 는 불만족입니다. 호기심이며 도전입니다. 싯다르타는 부러울 것 없는 왕자임에도 불구하고, 인생의 생로병사에 대해 아무도 묻지 않는 의문을 스스로 만들어 '왜?' 라고 심각하게 추궁하였습니다. 이것이 불교를 잉태한 사건으로서 인류 역사상 가장 오래되고, 가장 크고 치열한 '왜?' 입니다.

신을 믿는 대부분의 종교는 신자에게 궁극적으로 믿음과 복종을 요구합니다. 교리가 완벽한 답을 주기 때문에 모든 의심과 논의는 거기에서 끝납니다. 더이상의 의심과 질문은 필요하지도 않고 사실 허용되지도 않는다고 봐야 합니다. 그러나 불교는 유일신을 믿는 종교가 아니라 각자가 추구하는 깨달음을 얻기 위한 종교입니다. 각자 스스로 붓다가 되는 것이 목표이지요. 붓다의 말, 경전, 유명 스님의 법문도 그저 방향을 제시해줄 뿐 정답은 아닙니다. 따라서 질문에 대해 열려 있고 온갖 의심과 논의가 가능합니다.

사람마다 생각과 욕망, 인생관이 다르지요. 이것은 우열이나 장단의 문제가 아닙니다. 다만 사람들 중에는 '왜?' 라는 질문을 유독 즐기는 부류가 있습니다. 이들은 쉽게만 살려 하지 않고 스스로 어렵다는 것을 알면서도 굳이 그 길을 걸어가기도 합니다. 분명한 것은 이들이 인류의 문명과 문화를 향상시켜왔다는 사실입니다.

'왜?' 라고 묻는 것은 길들여짐을 거부하고 본질에 직접 다가가는 용기의 상징입니다. 큰 의문을 가진 사람은 상근기上根氣라 하고, 작은 의문을 가진 사람을 하근기下根氣라 합니다. 근기는 그릇을 말합니다. 의문이 없는 사람은 아무리 공부를 많이 하고 사회적 지위가 높아도 이런 기준에서 보면 백치나 다름없습니다. 인간에게 있어서 가장 심각하고 본질적인 질문은 '내가 누구냐?' 라는 것입니다. 선禪에서 가장 대표적으로 이용되는 화두가 '이 뭐꼬?' 입니다. 내가 누구인가, 이 상황의 본질이 무엇인가는 묻는 것입니다. 선에서는 자기를 보는 것은 마음을 보는 것이고, 마음을 보는 것은 우주 삼라만상을 보는 것이라고 합니다. 마음은 자기 자신이라는 인식의 다른 표현인데도 가장 알기 어렵고, 관찰하면 할수록 생소합니다.

'왜?' 라는 물음은 인식 방법의 전환입니다. 사람의 의식 작용은 선입견, 고정관념 등과 같은 많은 장애물로 제한을 받습니다. 일정한 주관이나 기준이 없는 것, 자기 위주로 취사선택하는 것, 매사를 토막 내서 부분으로만 보고 전체적으로 보지 못하는 것 등입니다. 이러한 장애를 스스로 알지 못하면 편견에 확신을 더할 뿐입니다. 그래서 진정한 '왜?' 는 새로워지는 것, 미지의 것과 정직하게 만나는 일입니다.

'왜?' 는 유연이자 포용입니다. 자신의 앎을 부정하고 외연을 넓히는 것이 '왜?' 라는 물음에 뒤따라야 할 과제라면, 대상을 있는 그대로 바라보고 받아들이는 게 다음 과제입니다. 사람 사이에서는 이것이 관용이나 경청으로 나타납니다. 이때 나를 앞세우거나 다른 사람을 정복하려 해서는 안 됩니다. 다른 것을 안다는 것은 다른 것을 내 안으로 영접하거나, 내가 다른 것에 기꺼이 포함된다는 것이기 때문입니다. 유연하지 않고 포용을 모르면 생각이 굳고 몸이 굳는 법입니다. 딱딱한 곳에서는 '왜?' 가 생겨날 수가 없습니다.

만약 '왜?' 라는 물음이 차단되거나 물을 필요가 없는 완벽한 어떤 것이 있다면 그것은 강요된 진실, 즉 죽은 진리입니다. 모든 것은 항상 변하며, 완성된 불멸의 진리는 세상에 없습니다. 인간이 만들어낸 사상과 관념은 더욱 불완전합니다. 절대, 불변, 영원, 완성, 유일. 이런 단어들로 치장된 개념이나 종교는 인간의 함정입니다. 거기에서 빠져나오는 방법은 '왜?' 라고 진지하게 자문하는 것입니다.

신新 삼독三毒

2007년 5월 27일, 구미 도리사를 찾았다. 2000년 9월 24일 처음 찾은 이후로 두 번째 걸음이다. 사흘 전이 초파일이어서 특히 유서 깊은 곳을 골랐다. 도리사는 순도가 고구려에 불교를 소개하고 2년이 지난 뒤 신라 접경지역인 모례의 집에서 아도가 머슴을 살면서 불법을 전하고 후에 왕의 허락을 받아서 지었다는 절터다. 이날의 화제는 고통으로 시작하였다.

• • •

붓다의 가르침은 인생을 고통이라고 진단하는 데서 출발합니다. 인생이 고통이라는 말에 대해선 '그래, 맞다'며 동의할 수도 있고, '돈이 많거나 계급이 높으면' 인생은 천국보다 더 달콤할 수 있지 않느냐고 반박할 수도 있겠습니다. 인생을 어떻게 정의하느냐의 문제는 어려운 일이 아닐 수 없습니다. 그러나 먼저 부언해둘 것은, 인간 존재의 현실을 고통이라고 규정한다고 해서 그것이 단순히 범부중생이 생각하는 육체적 고통이나 금전적 어려움, 정신적 괴로움 등과 같지는 않다는 것입니다. 고통을 극복한 상태가 바로 즐거움으로 대체되는 것도 아닙니다.

불교에서 말하는 고통은 실체가 아니며 인식입니다. 붓다가 말하는 고통의 반대말은 우주 존재의 법칙 그 자체입니다. 고통에 대한 철저한 인식은 곧 깨달음이라는 뜻입니다. 어쩌면 고통이라는 말 대신에 미혹迷惑이나 집착, 또는 어리석음이라고 하는 게 범부의 상식에 더 부합할지도 모릅니다. 그러나 이 말들 역시 고통 자체가 아니라 그 원인을 설명하기 때문에 쉽게 다른 단어로 대체하기도 마땅치 않습니다.

붓다가 깨달음을 이룬 이후 최초로 행한 설법이 사성제四聖諦, 즉 네 가지 진리인데, 고苦·집集·멸滅·도道가 그것입니다.

첫째, 고의 원인은 집입니다. 집은 마음이 흐려서 판단을 제대로 못하는 미혹과 욕망에 갈증 나서 번뇌를 일으키는 갈애渴愛가 함께 모인 것으로 집착을 의미합니다. 이러한 집착이 일어나는 것은 자기애의 본능에서 발생하는 탐욕貪, 화냄瞋, 어리석음痴의 세 가지 독三毒 때문입니다. 이 세 가지 독이 없다고 고통 자체가 소멸되는 것은 아닙니다. 다만 고통을 고통으로 느끼지 않는 단계로 들어갈 수 있을 뿐입니다.

그런데 이 세 가지가 없는 인간이 현실적으로 존재할 수 있는가, 또는 이것을 떠난 삶이 과연 삶일 수 있는가 하는 의문이 있습니다. 독은 필요악입니다. 밥도 약도 지식도 모두 독이 될 수 있습니다. 악은 말할 것도 없고, 선이라고 분류되는 자비, 사랑, 나눔 따위도 일면은 약이고 일면은 독입니다. 마찬가지로 탐욕도 독인 동시에 삶의 원동력이 되기도 합니다. 화는 자신과 남을 태우는 불길이면서 자신을 보호하고자 하는 방어본능이지요. 어리석음은 인간이 지닌 생래적 한계이지만 향상과 발전의 전제이기도 합니다. 무엇이 잘못되었다는 말일까요? 물론 지나친 것이 문제라고 할 수는 있겠지만, '지나친 것'이 무엇인지도 너무 모호합니다. 어떤 개념이 포괄적이고 막연하면 비판의 화살은 피할 수 있겠지만, 실천적 지침으로서는 부족합니다. 그런 이유로 불자들이 입으로는 삼독을 말하면서도 제대로 이해하지는 못하는 것입니다.

잠깐 옆길로 나가자면, 말과 논리는 시대의 산물입니다. 붓다가 살았던 시대와, 그가 상대했던 중생은 오늘날과는 판이합니다. 변화된 세상에 맞는 언어가 필요합니다. 붓다의 가르침은 논평할 수도, 부연할 수도 있습니다. 불교에서는 경전이 무오류라는 인식도 없고, 따라서 일점일획도 손댈 수 없다는 법도 없습니다. 삼독도 새롭게 정의될 필요가 있습니다.

2007년 네팔을 여행하던 중 카트만두에서 포카라로 가는 긴 버스길에서 현지 가이드가 나의 끈질긴 졸음을 깨웠습니다. 이름을 '구룽지'라고 소개한 그는 조상이 몽고족이고 최하층 카스트인 수드라에

속하며, 소수 종교인 불교도라고 했습니다. 30대 후반의 구릉지는 한국에서 8년 동안 일한 경험이 있어 한국말이 유창했습니다. 나의 졸음을 깨운 것은 그의 깊이 있고 정연한 불교 이야기였습니다. 그는 네팔 불교에서는 인생에 고통을 가져오는 독을 성욕, 탐욕, 화냄, 사랑, 자만심 다섯 가지라고 했습니다. 우리가 각인하고 있는 삼독이 아니라 오독五毒인 셈입니다. 그것이 경전의 어느 부분에 나오며 누구에게서 들은 말이냐고는 따져 물을 수가 없었습니다. 그의 설명이 논리정연하고 확신에 차 있었을 뿐 아니라, 동시대를 사는 사람으로서 그 내용에 공감했기 때문입니다. 삼독보다 구체적이고 현실적이었지요. 그 다섯 가지는 모두 불교 경전의 여기저기에서 등장하는 개념이기도 합니다. 물론 고통을 유발하는 독이 어찌 세 개나 다섯 개로 한정될 수 있을까요. 더 많은 독과 고가 있겠지만, 삼독을 어떻게 달리 요약해낼 수 있을까 다시 한 번 생각하게 한 계기였습니다.

현대를 지배하는 세계질서는 자본주의적 시장경제, 개인주의, 대량생산과 대량소비, 정보의 공유, 세계화 등으로 설명됩니다. 이러한 새로운 패러다임이 만들어낸 것 중 약이면서도 독인 것은 무엇이며, 이런 세상에서 지혜롭게 살기 위해서 경계로 삼아야 하는 교훈은 무엇일까요? 나는 '현대의 삼독'을 이렇게 요약해볼 수도 있겠다고 생각했습니다.

첫째는 돈입니다. 돈 없는 생활은 상상하기 어렵습니다. 돈처럼 세상의 모든 가치를 절대적으로 평정한 것은 없습니다. 돈은 물질만능의 자본주의 시대를 제압한 물신物神 그 자체입니다. 모든 고통과 쾌락, 좌절과 성공은 돈이 결정합니다. 모든 가능성의 상징이자 불행의 단초가 됩니다. 가질수록 더욱 기갈 나는 돈은 탐욕의 대명사이고 만악의 근원도 됩니다.

둘째는 성性입니다. 인간은 섹스를 종족보존이라는 원래 목적을 배제하고 쾌락으로 누리는 거의 유일한 동물입니다. 남성이 추구하는 힘과 돈과 권력, 여성이 열광하는 미용과 사치와 궁리는 모두가 성적 매력을 유지하기 위한 불꽃같은 것입니다. 절제되지 않은 섹스는 범람하는 강물과 같아서 모든 것을 삼킵니다. 열정과 환락의 뒷면에는 분노와 파멸이 있습니다. TV, 인터넷, 광고 등 성을 상품화하는 정보가 넘쳐나고 성매매가 갖가지 형태로 일어나고 있습니다. 오로지 성적 일탈로 인격과 권위, 품위가 발가벗겨져 만신창이가 되는 경우를 너무 자주 봅니다.

셋째는 비교입니다. 자급자족의 농경사회를 벗어난 세상에서는 삶의 내용이 평준화되게 마련입니다. 옛날보다 수십 배 잘살게 되었음에도 이제는 배고픔보다 더 고통스러운 '배아픔' 즉 시기와 질투에 시달리게 되었습니다. 자유경쟁은 필연적으로 차별을 유발합니다. 우월감은 타인에게 칼날이 되고 열등감은 언제 터질지 모르는 화산입니다. 자만심은 타락을 불러오고, 시기심은 스스로를 파멸시킵니다. 오늘날 절대적으로 행복이나 성공을 맛보는 자는 드뭅니다. 오직 상대적으로만 우쭐해할 뿐이고, 여기에서 상대적인 불행과 무기력도 동시에 태어납니다.

　사실 위와 같은 현대사회의 '신 삼독'도 부처가 처음에 말한 삼독을 벗어나지는 못합니다. 말만 조금 바뀌었을 뿐입니다. 불자들 나름대로 자신의 직장에서, 가정에서, 자신만의 '삼독'을 정해놓고 스스로를 경계하는 정진법도 괜찮을 것 같습니다.

정무 스님과 함께

보드가야

불자가 인도 여행을 계획할 때 그 정곡正鵠은 아무래도 보드가야인 것 같다. 보드가야는 붓다가 깨달음을 얻었다는 성도지成道地로서, 다른 유명 관광지와는 또 다른 숭고한 정신의 모태라고 할 수 있다. 2007년 3월 인도 여행에 나선 우리는 붓다의 출생지인 네팔의 룸비니에서 시작, 인도 땅으로 들어온 후 붓다가 열반했다는 쿠시나가르, 초전 법륜지인 사르나트 등을 거쳐서 힌두교의 정수와도 같은 바라나시의 갠지스 강 등을 들러본 후에야 보드가야에 도착했다. 마치 나선형의 길을 따라 점점 중심으로 빨려들어가는 듯한 느낌이었다.

인도는 길이 길다. 멀어서만이 아니라 가도 가도 똑같은 풍경인 탓도 크다. 불교 성지들이 자리잡은 동북쪽은 수렁처럼 깊은 평지다. 버스 안에서 한참 늘어지게 자고 나서 창밖을 내다보아도 아까 그 자리인 것 같다. 인도의 성자들은 그 숨막힐 듯한 평범과 권태 속에서 사색의 자극을 즐겼던 게 아닌가 싶었다.

갠지스 강에서 성도지로 가는 중간에 사르나트가 있었다. 붓다가 깨달음을 얻은 다음, 다섯 제자들 앞에서 최초로 사성제와 팔정도를 설한 곳이다. 그 사건을 기념하기 위해 1,300여 년 전에 건립한 탑, 다멕 스투파는 10층 건물 높이로 벽면의 기하학적 문양은 비록 세월의 상처로 헌 데가 많지만 형언하기 힘들 정도로 아름답고 거대했다. 주변에는 다 발굴되지 않은 유적들이 즐비하고 동강난 아쇼카 석주도 장중한 역사의 무게로 남아 있어 자꾸만 눈길을 붙잡았다. 동행한 정무 스님은 비교적 한적한 풀밭에 일행들을 모아놓고 불법을 설했다. "불교는 보편타당한 진리를 탐구하는 것이다. 붓다는 그 시대에 미신과 계급 그리고 신을 타파하자고 역설한 선각자였다"고 강조했다.

보드가야는 그곳에서 450킬로미터 거리. 6시간을 더 달려갔다. 저녁 7시 30분쯤 아담한 마하야마 호텔에 여장을 풀고 거리 구경에 나섰다. 각종 기념품과 공양물 등을 파는 상점들이 불야성을 이뤘고, 한국말이 유창한 호객꾼이 따라붙었다.

여행 6일째. 새벽 5시에 붓다의 성도지 마하보디 사원으로 줄지어 걸어갔다. 여행 전에 정무 스님이 부탁한 대로 여자들은 한복을 곱게 차려입고 과일과 꽃 등 공양물을 머리에 이고, 남자들은 그 뒤를 한 줄로 서서 뒤따라갔다. 가로등 불빛이 부옇게 내려앉은 넓은 길에는 이미 저마다 민족 고유의 의상으로 성장한 사람들과 수많은 참배객들이 떼 지어 몰려가고 있었다. 역시 한국 여성의 한복은 압권이었다.

무채색의 헝겊 위로 한 줄기 영롱한 색실이 지나가는 것 같았다. 많은 사람들이 걸음을 멈췄고 간간이 "원더풀!" 하는 소리가 들렸다. 좀 멋쩍지 않을까 하는 당초의 기우는 자랑스러움으로 바뀌었다. 이번이 보드가야 17번째 순례라는 정무 스님은 이 장면을 확신하고 기다렸던 것 같다.

불교 성지에서는 찬탄과 경건함을 파고들어 극성을 떠는 수많은 그림자와 맞닥뜨리게 된다. 객들의 자비를 바라는 불구와 어림과 앙상함들⋯⋯. 그 수와 기세 때문이었을까. 동정보다 두려움이 앞선다. 아무도 선뜻 적선하지 못하고 슬금슬금 쫓겨다닌다. 때때로 어떤 넉넉하고 담대한 순례객이 저들의 목마름을 달래주니 저렇게 떼로 새벽을 깨우고 있을 것이리라.

마하보디 사원 앞에서는 신발을 벗어서 돈을 주고 맡겼다. 돌을 깎아서 만든 길과 계단을 맨발로 걸어갔다. 사각의 높은 중앙탑 아래쪽 안에는 붓다의 상이 모셔져 있었다. 일찍 서두른 덕에 우리는 좁은 법당에 몸을 우겨넣을 수가 있었다. 공양을 올리고 삼배하고 예불을 올렸다. 정무 스님은 미리 준비한 발원문을 낭독했다.

정무 스님은 울먹이고 있었다. 거의 매년 이곳을 찾는데도 감격이 남다른 것이다. 그도 그럴 것이 금생의 삶을 오롯이 붓다의 가르침을 지키고 전하는 데 바친 출가자이니, 붓다에 대한 감사와 그리움이 남다를 것 아닌가. 붓다는 바로 이 자리에서 깨달음을 얻었고, 그 깨달음의 길을 좇아 성불하려는 중생들이 셀 수도 없이 생겨났다 스러졌다. 우리도 그중 하나가 될 것이다.

카발라국의 왕비 마야 부인이 아기를 출산하러 친정으로 가던 도중 룸비니라는 작은 언덕에서 산고 끝에 낳은 생명이 싯다르타 왕자였다. 길에서 태어난 인간은 시작부터 나그네다. 우연히 보게 된 백성들의 고단한 삶과 죽음의 허무는 그에게 근원적인 의문을 던졌다. 의문을 붙잡고 놓지 않는 자는 비범한 삶을 살게 된다. 싯다르타 왕자가 보드가야를 찾은 것은 지금으로부터 2,600여 년 전이었다. 오직 의문의 껍질을 깨고 깨달음을 얻기 위해 다른 수행자들과 마찬가지로 먹지도 자지도 않는 처절한 고행을 하고 6년만에 새벽별을 보며 문득 깨달았다고 한다. 또는 우루빌라의 장님 처녀 수자타가 피골이 상접한 싯다르타에게 우유죽을 공양하자 그것을 받아마신 후 고행만이 깨달음의 지름길이 아니라는 것을 알고 중도中道의 진리에 접근, 인근 보리수 나무 아래서 무상정각無上正覺의 경지에 도달하게 되었다고도 한다.

사원 안에는 새벽별을 보았다는 높은 둔덕과 인공호수도 있고 탑 뒤에는 손자나무쯤 되는 보리수 거목이 버티고 있었다. 참배객들은 그곳에서 생각에 잠기거나 찬불하고 기도했다. 수없이 절을 하는 이도 있었다. 어찌 큰 깨달음이 별이나 보리수와만 관련이 있겠으며, 붓다가 인도에만 있으랴. 하지만 사람들은 자신의 믿음을 굳건히 해줄 상징을 애타게 찾는 것이다. 보리수를 두른 철책 가운데로 난 단 하나의 통로에는 돈을 놓고 절하려는 사람들이 길게 줄을 섰다. 탑과 보리수 사이의 공간에 용하게 자리를 잡고 수건과 생수병을 옆에 놔둔 채 언제 끝날지 모를 오체투지에 열중인 한국 비구니도 보였다. 저토록 간절한 기도와 고행에도 견성을 이루지 못한다면 어쩌나 싶었다.

이 마하보디 사원은 인도 불교의 영광과 수난을 고스란히 간직하고 있다. 아쇼카 대왕 재위 때 건설됐다가 파괴되어 힌두사원으로 바뀌었던 것을, 미얀마 왕실의 노력으로 4차례에 걸쳐 개보수를 해서 1882년에 지금의 모습으로 완성했다 한다. 근처에서 출토된 불상과 유물들은 영국인들이 모조리 가져가고, 지금은 모조품만 남겨둔 것이라고 한다. 용케 남은 유물도 박물관으로 옮기고 사실상 껍데기만 남은 상태다. 하기야 돌로 다듬어진 그 유물들이 붓다의 깨달음과 무슨 관련이 있겠는가.

아침밥을 먹고 밝은 낮에 우리는 다시 사원을 찾았다. 넓은 터 여기저기에 작은 탑과 불상과 장식이 즐비했고, 참배객들은 더욱 큰 떼를 이루어 서로 얼키고 설키었다. 모두들 한 뼘이라도 더 탑과 보리수 쪽에 가깝게 다가서려고만 하는데, 외딴 곳에 별로 눈여겨보지 않았던 감실 같은 작은 돌탑이 눈에 띄었다. 그 안에는 불상이 외롭게 모셔져 있었다. 거기서 서너 발자국 떨어진 돌담에 한 여인이 앉아 있었다. 청색 블라우스에 검은 치마를 입은 금발의 젊은이였다. 그는 신발을 벗어두고 하얀 맨발을 땅에 댄 채 두 손을 모으고 그 작은 불상을 응시하고 있었다. 사람들이 다가가 기웃거리고 사진을 찍어도 꼼짝도 하지 않았다. 명상 삼매에 빠진 것 같았다. 삼엄함과 열중, 평온이 동시에 깃든 그 여인의 명상을 지켜보면서, 여기저기 쏘다니며 두리번

거리는 나 자신이 머쓱해졌다. 그리고 불교의 현대화와 세계화는 서양 사람들에 의해 꽃을 피우리라는 평소의 생각도 새삼 확인할 수 있었다.

나는 그녀의 모습을 카메라에 담았다. 너무 예쁘고 숭고해서 뒷날 또 보고 싶을 것 같아서였다.

기도하듯 기도하라

2008년 1월 27일, 대구 팔공산 갓바위. 한 가지 소원은 꼭 들어준다는 갓바위 부처를 정초에 찾는다. 기도祈禱는 어쩌면 원초적 갈망의 다른 이름인지도 모른다. 이날의 주제는 단연 기도였다.

● ● ●

기도란 신불神佛에게 소원하는 바를 이뤄지도록 청하거나 용서를 구하는 것이라고 일단 정의해봅니다. 그리고 기도는 믿음과 더불어 모든 종교의 기본입니다.

그러나 종교 밖에서도 기도는 얼마든지 성립합니다. 동구 밖의 늙은 느티나무 아래서, 성황당 앞에서, 또는 정화수를 장독대에 올려놓고 두 손 모아 비는 것도 기도입니다. 중요한 일을 앞두고 근신하고 주변을 정갈하게 하는 행위, 고사나 제사를 지내는 일, 그리고 절제된 생활과 정성스러운 행동에도 큰 틀에서의 기도하는 마음이 깃들어 있습니다. 따라서 기도라는 말은 굳이 뜻을 따지지 않고 상용됩니다. 기도를 구체적으로 정의하거나 분석적으로 설명하지 않아도 뜻이 통하고, 행하는 데 장애가 없습니다.

달리 표현하자면, 기도는 바로 '체험'이 아닐까 합니다. 초월적 존재와의 대화이든, 말과 생각을 넘어선 영적 세계와의 교감이든, 정돈된 생각의 표출이든, 그것은 개인의 정신적인 체험인 것입니다.

기도에 대하여 언어적 표현을 시도하고 합리적인 설명을 하기 위해 종교계는 줄곧 노력해왔습니다. 그것은 종종 미신과 맹종을 부추기는 선동이기도 했지만, 과학적 탐구로 승화되기도 했습니다.

2007년 초 캐나다에 살고 있는 오강남 목사가 《기도》라는 제목의 책을 냈습니다. 개신교 목사지만 캐나다로 건너가 《화엄경》 연구로 신학박사 학위를 받은 사람입니다. 그는 몸담고 있는 종교에서 이미 고정관념으로 굳어진 틀을 벗어나 일반적이고 보편적인 성찰을 보여주려는 노력을 계속하고 있습니다. 그는 몇 해 전에도 《예수는 없다》라는 책을 내서 기독교에 대한 현실적이고 솔직한 접근을 시도하기도 했습니다.

"우리가 기도할 때 처음에는 기도는 말하는 것인 줄 생각한다. 그러나 그윽한 경지에 이르게 되면 기도는 듣는 것임을 깨닫게 된다." 그의 책 《기도》에서 가장 핵심적인 부분입니다. 이 말은 기도가 인간의 언어나 관념으로써 외부의 존재에게 일방적으로 매달려 비는 것이 아니라, 자신의 내면에 대해 성찰하고 무의식 속에 저장된 잠재력을 일깨우는 수단이 된다는 의미입니다.

그러면 기도할 때 무엇을 들을 것인가? 어떻게 들을 것인가? 오 목사는 이에 대해 종교학자들이 '러시아 영성의 고전'이라고 평가하는 책을 인용해 이렇게 답합니다.

기도에서 권하는 것은 거룩한 이름을 쉬지 않고 계속적으로 부르는 것이다. 불교에서 나무아미타불이나 관세음보살을 부르듯, '주 예수 그리스도 내게 자비를 베푸소서'를 묵주를 돌려가며 계속 부른다. 관세음보살이나 그리스도는 사람들이 경건해지는 이름이지만, 쉬지 않고 그 이름을 부르는 단순한 기도는 거룩한 이름이 갖는 신비 때문이 아니라, 밖으로 흩어지는 마음을 한 곳으로 모으는 방법이다. 거룩한 이름을 부르면서 이름을 부르는 자기 소리를 듣는 데 집중하게 되면 이름을 부르는 나를 응시하게 되고 나와 기도를 받는 거룩한 이름이 하나 되는 순간이 온다. 주관과 객관이 하나 된 마음인데 그 마음이 바로 보배 창고다. 그곳 보배 창고의 발견이야말로 진정으로 듣는 기도의 시작인지도 모른다. 그런데 마음이 보물창고인데도 사람들이 그것을 알아보지 못하고 우리 스스로를 과소평가하여 생의 빛나는 시간들을 쫓기듯 보내고 있다.

그리고 기도를 위한 방법을 자세히 설명했습니다.

기도하기 위해서는 혼자 조용히 앉을 수 있는 공간을 찾아라. 부드럽게 숨을 쉬면서 마음의 눈으로 그대의 심장을 들여다보아라. 다른 모든 생각을 다 씻어버리도록 하고 평안한 마음과 인내심을 갖도록 하라.

오 목사의 설명은 절대신을 신봉하는 종교 틀에서 외형적으로 표출되고 일반적으로 이해되는 기도 행위와는 상당히 다르다고 느껴집니다. 그의 설명대로라면 기도는 본질적으로 어떤 신을 믿느냐에 따른 차이가 없는, 자기 수양에 가까운 것처럼 보입니다. 이 점은 종교 간의 현격한 괴리를 감지하는 보통 사람들에겐 다소 낯설게 느껴질 수도 있습니다. 불교에서 불, 보살의 명호名號를 쉴새없이 부르면서 그 소리를 자기의 귀로 들으면 자기 내면의 파장이 거룩한 대상의 이미지와 공명을 일으키고 합일合一에 이르게 된다는 원리는 너무나 평범하고 일상적인 수행 방식입니다. 자기 자신의 마음을 관조하고 여실한 진면목을 찾는 것은 참선이라는 영역에서 오랜 세월을 두고 숱한 사람들이 탐구해온 과제입니다. 오 목사가 열정을 쏟아 얻어낸 업적, 그로서는 혁신적 사고의 결과물로서 세상에 큰 소리로 알리고 싶은 말이 불교를 공부하는 입장에서 보면 너무나 당연한 상식이라는 게 내 생각입니다.

20세기 초 금강산을 여행한 서양인의 기행문을 보면 "산중에는 절과 승려가 많은데 그들은 가만히 앉아서 단순한 음절만 되풀이해 읊고 있다"는 부분이 있습니다. 지금도 서양인들이 우리나라 절을 찾아서 기도하는 모습을 보면 똑같이 표현할 것입니다. 그들의 눈에는 승려나 불자들이 각자 앉아 '나무아미타불' '관세음보살' '지장보살' '옴마니 반메홈' 따위의 단순한 소리를 끝없이 되풀이하는 광경이 유치해보일 수도 있을 것입니다. 그러나 단순한 음향의 반복과 그것을 자기의 귀로 듣는 것, 거룩한 이름과 자신이 하나가 되어 주관과 객관이 하나로 된다는 것, 마음이 보배 창고라는 것, 사람들은 그 보배를 모르고 허송세월한다는 것, 기도를 위한 공간과 호흡법을 갖추어야 한다는 주장 등은 기도를 논리적으로 이해하고 자기 확신을 갖는 데 큰 도움이 될 것입니다.

기도는 자기 밖의 절대자나 신불이 어떤 기적이나 행운을 베풀어주기를 바라는 수동적인 욕구를 넘어서, 인간 스스로 마음의 고요와 평화를 일구어내는 능동적인 수단입니다. 이것이 종교의 울타리를 넘어 공부한 오 목사가 말하고자 하는 것이 아닐까요.

•　•　•

돌아오는 길에 일행들에게 갓바위 부처님의 표정이 어떻더냐고 물었더니, 몇 명은 찡그리고 있는 듯하다고 하고, 더러는 웃었다고도 하고, 어떤 이는 슬픈 표정이었다고도 했다. 나는 "그게 모두 자기 자신의 표정이오." 하고 일갈했다. 맞는지 틀리는지는 각자 알 일이다.

소리를 보는 보살

2004년 6월 27일, 우리 모임 사람들은 남해 보리암과 여수 향일암을 1박 2일로 돌았다. 나는 마침 6월 25일부터 7월 21일까지 미국의 서부, 동부와 캐나다로 여행을 떠나려는 참이었다. 여행 중에는 보스턴에서 공부하고 있는 딸과 시간을 보낼 예정이었다. 다음은 우리 일행들이 가고 올 때 법문의 자료로 쓰라고 남겨놓은 글이다.

● ● ●

소리는 듣는 것이다. 귀는 소리를 듣고 눈은 빛과 형체를 본다. 신체의 오감 중 귀와 눈이 받아들이는 정보가 절대적으로 중요하다. 그중에서도 굳이 따지면 눈이 더 소중하다고들 한다. '백문불여일견百聞不如一見' 또는 '몸이 천 냥이면 눈이 구백 냥' 같은 말이 나왔다. 그렇지만 눈도 가시거리 안에 있는 것만 보고 숨겨진 것, 가려진 것은 보지 못한다. 이것은 육안肉眼이 갖는 한계다.

그런데 귀로 전해지는 소리의 정보까지도 눈의 영역으로 끌어들여 판단하는 기능이 있으니 이것을 심안心眼이라고 한다. 심안은 사물의 본질을 판별하는 마음의 작용이다. 불교에서는 수행의 수준에 따라 다섯 개의 눈이 있다고 설명한다. 육안, 천안天眼, 법안法眼, 혜안慧眼, 불안佛眼이 그것이다. '본다'는 것의 신체적·물리적 정의를 넘어 보는 능력의 존재를 단계별로 세밀하게 분류했다.

이런 능력이 반드시 고된 수행을 거쳐야 얻을 수 있는 건 아니다. 아기 엄마는 아기 울음소리를 듣고 아기가 아파서 우는지, 졸려서 우는지, 배고파서 우는지를 금세 알아차린다. 뛰어난 의사는 환자의 신음 소리를 듣고 병의 상태를 진단한다. 그야말로 '소리를 보는' 것이다. 어떤 관심사를 온전히 공유한 인간관계에서나 서로 사랑하는 사이에선 말로 완성되지 않은 소리로도 속뜻을 본다. 그것은 지극한 관심이 불러일으키는 소통, 즉 고차원 커뮤니케이션이다.

중생이 부르는 소리를 듣고 바로 달려와 구원하는 보살이 관세음보살觀世音菩薩이다. '소리를 보는' 보살이란 뜻이다. 산스크리트어 '아마로키테스바라avalokitesvar'를 그 의미로 한역漢譯한 것인데 줄여서 관음보살, 또는 관자재보살이라고 한다. 절묘한 번역이다.

1990년대 중반, 한 유력 일간지에 성공회대학 신영복 교수의 글이 한 면 가득 실려 화제가 됐다. 그는 1968년 육군사관학교 경제학 교수로 재직 중 통일혁명당 사건으로 구속되어 무기징역을 선고받고 20년

만인 1988년 특별 가석방된 인물이다. 반공 이데올로기의 광기에 희생된 그는 증오와 좌절을 극복하기 위해 감옥에서 책을 많이 읽고 자신을 연마한 사람으로 알려져 있다. 당시는 민주화 바람이 불면서 기존의 금기를 깨뜨려가던 문민정부 시절이었다. 언론도 그에게 하고 싶은 말을 토해내고 가슴에 맺힌 응어리를 풀어헤치도록 씻김굿판을 열어준 것이다. 세간의 이목이 집중된 상태에서 신 교수가 신문 한 면을 털어 쓴 글의 제목은, 정말 뜻밖에도, '천수천안千手千眼 관세음보살'이었다.

지면 복판의 커다란 삽화는 한 여인이 아이들을 걸리거나 업고, 머리에는 큰 짐을 인 채 또 하나의 보따리를 들고 가는데 그 모두를 붙잡느라고 손을 네 갠가 다섯 갠가를 그려넣은 그림이었다. 글의 내용은 대강 이렇게 전개되었다.

(…) 손이 두 개뿐인 인간은 너무 무력하다. 손이 좀더 많았으면 얼마나 좋을까. 사람들은 일이 많고 급할 때 '일손이 부족하다, 손이 열 개라도 모자란다, 일손을 덜어다오,' 손 좀 빌리자고 안타까움을 표시한다. 또 미처 돌보지 못하고 살피지 못함을 아쉬워하며 손처럼 많은 눈도 원한다. 부지런한 손과 밝은 눈은 능력이다. 신은 인간에게 각각 두 개의 손과 눈밖에 허락하지 않았다. 그 한계를 극복하기 위하여 사람은 다른 사람을 쓴다. 회사가 종업원을 채용하고 공무원을 요소요소에 배치하고 가족을 늘리는 것은 손과 눈을 늘리기 위함이다. 이처럼

많은 손과 눈을 갖고 싶어하는 인간의 간절한 소망을 형상화한 것. 그러한 염원을 비는 기도의 대상으로 구체화한 것이 천수천안 관세음보살이다.

그렇다. 천 개의 손과 그 손끝마다 천 개의 눈을 단 초능력의 화신이 천수천안 관세음보살이다. 절간에 가서 이 그림을 보면 해괴한 괴물이나 다름 없다. 절 초입의 사천왕과 법당 벽화들도 의미를 모르던 시절에는 눈을 질끈 감고 싶을 정도로 무시무시하고 흉측했다. 경주에서 감포로 가는 길에 있는 기림사에는 대한민국 미술대전에서 대통령상을 받은 걸작이 관음전에 모셔져 있다. 몸통을 부채살처럼 감싸며 겹겹이 둘러진 몇 개인지 셀 수도 없는 많은 팔과 손끝마다 달린 눈이 있고, 머리 위에 또 10개의 다른 얼굴이 있다. 《화엄경》에 나오는 10지地와 불안佛眼을 의미한다는 것을 모르고 보면 정말 괴물 같다.

손끝마다 눈을 달았다는 모티프는 인간의 선험적 욕망일 것이다. 내가 초등학교에 다닐 때 선생님이 아이들에게 황당한 질문 하나를 던졌다. "너희들에게 만약 눈을 하나 더 달아준다면 어디에 달면 좋을까?" 잠시 머뭇거리던 아이들은 재미있다는 듯 킥킥대며 제각기 한 마디씩 했다. 뒤통수에 달면 좋겠다, 정수리에 달았으면 좋겠다, 손가락 끝에 달았으면 좋겠다 등등. 특히 손에 달고 싶다는 아이들이 많았다. 세수할 때 불편할 거라는 걱정도 있었지만 이를 잡기 좋아서, 시험 볼 때 컨닝할 수 있어서, 마음대로 구석구석 다 볼 수 있어서 등의 이유였다.

예불 의식 때 빠짐없이 암송되는 《천수경千手經》은 이런 관세음보살에 드리는 기도로 관음의 유래와 발원, 공덕을 말하는 진언이다. 관음보살은 신앙의 대상이 된 후 사색과 염원이 갈래를 이루어 여러 가지로 분화했다. 성관음, 천수관음, 마두관음, 십일면관음, 준제관음, 여의륜관음 등 6가지가 대표적이고 그 외에도 대륜관음, 수월관음, 만월관음, 군다리관음, 해수관음, 백의관음 등이 있다. 이 가운데 성관음聖觀音이 본신이고 나머지는 변주된 보문시현普門示顯이다. 인간이 간구하는 능력을 기능에 따라 구분한 것이다.

관음사상은 대중들에게 석가모니불이나 아미타불보다 더 친숙하다. 이는 구원이 멀리 관념적으로 존재하거나 내세에 있다고 설정하지 않고, 일반 민중의 현실적 고통을 어루만져주고 현세에 직접적 이익을 가져다준다는 믿음이 있기 때문이다. 절의 법당에 형상으로 조성된 관음보살은 대체로 여성의 모습을 하고 화려한 관과 천의天衣를 걸치고 손에 연꽃이나 감로병을 들고 있다. 실제론 정해진 모습이 없고 중생교화를 위해 근기根氣에 따라 33가지 형상으로 나타난다고 한다. 《삼국유사》에서도 낙산사 근처에서 원효는 관음보살을 빨래하는 여인으로, 의상은 파랑새로 보았다고 적고 있다. 관음보살이 경전에 구체적으로 언급되는 것은 《관음경》 또는 《법화경》의 관세음보살 보문품 등이다.

부처님께서 무진의 보살에게 말씀하셨다. "선남자여, 만일 한량없는 백천만억 중생이 모든 괴로움을 받을 적에 이 관세음보살의 이름을 듣고 일심으로 부르면 곧 그 음성을 관찰하고 모든 괴로움이 사라지게 하느니라. (…) 만일 어떤 사람이 관세음보살의 이름을 받아 지니고 한때만이라도 예배하고 공양하면 그 복이 백천만억 겁에 이르도록 다하지 아니하리라."

《화엄경》 제8회 입법계품入法界品은 선재라는 소년이 선지식을 찾아다니며 구도하는 과정을 적은 것이다. 선재는 문수보살로부터 시작해 보현보살에 이르기까지 53명의 스승을 만나는데 중간쯤 관세음보살을 만나게 된다.

선재 동자는 모든 애욕을 여의게 하는 바수밀다 아가씨를 하직하고 남쪽에 있는 보타 락가산으로 관세음보살을 찾아갔다. 가는 곳마다 흐르는 시내와 맑은 샘이 있고 수목이 무성했다. 관세음보살은 부드러운 꽃 위에 금강보좌를 놓고 앉아 여러 보살들에게 대자비의 법을 설하고 있었다. 선재 동자는 합장하고 보살도를 배우러 왔다는 뜻을 여쭈었다. (…) "나를 생각하거나 나의 이름을 외우거나 나의 몸을 보는 중생들로 하여금 모든 고통을 여의게 하노라. 그러나 나는 대자비의 법문과 광명의 행은 알고 있지만 보살들이 남을 이롭게 하려는 큰 서원과 보현의 큰 행은 알지 못하노라." 관세음보살의 말을 들은 선재 동자는 가비라 성에 이르러 범차지 하늘 신을 찾아나섰다.

이 말은 무슨 뜻인가. 고은 씨는 소설 《화엄경》에서 이렇게 풀어
썼다.

아미타불의 왼쪽 보처에 서 있는 관자재보살은 바른쪽의 대세지보
살과 함께 아미타불 3존의 하나다. 관자재보살은 중생의 괴로움을 건
지는 사랑의 화신이다. (…) 한 번 중생에게 몸을 나타내면 33신으로 각
중생의 근기에 맞추는 것이다. 천 개의 손과 천 개의 눈을 가지고 이
세상 어느 구석도 닿지 않는 데 보이지 않는 데가 없으며, 얼굴 하나로
도 11면을 이루어 상하전후 좌우육방의 세계를 한 번에 만나게 되는
보살이 관자재보살이다. 선재가 만난 보살은 관자재보살의 본체인 성
관음보살이다. 그는 멀고 먼 서방정토와 이 세상에 동시에 있다.

그러면 관세음보살은 신인가? 또 붓다와는 어떤 관계인가? 한 마
디로 관세음보살은 지장보살 등과 함께 화신化身(니르나마 카야)에 속
한다. 화신은 교화할 대상의 수준이나 근기에 맞추어서 그들을 구제
하고자 특정 시기와 장소에 나타나는 붓다의 다른 모습이다. 법신法身
(다르마 카야), 보신報身(상보가 카야) 사상과 더불어 불교의 특출한 논
리체계로, 신의 존재를 설정하지 않고도 종교의 필요를 충족하는 절
묘한 접근방식이다.

《화엄경》은 유식唯識과 유심唯心에 입각한 연기론이다. 즉 일체유심조一切唯心造가 대의다. 선재 동자가 만나는 선지식에는 비구, 비구니, 소년, 소녀, 의사, 장자, 선인, 외도 등 보통 인물이 다양하게 포함돼 있다. 주정뱅이, 걸인, 창녀, 도적 따위도 있었다. 관세음보살도 그런 것과 동등하게 취급된다. 선악, 미추, 우열이 모두 마음이 만들어내는 분별에 지나지 않다는 것, 따라서 거룩한 이름인 관세음보살도 결국 마음이 만들어낸 한 형상일 뿐이라는 것을 뜻한다. 붓다라는 각자覺者의 권능 중에서, 고통받는 보통의 중생들이 염원하고 소망하는 바를 구체화한 것 중 하나가 관세음보살이다.

우리나라에는 관음보살 3대 도량이 있다. 강화 석모도 보문사, 양양 낙산사 홍련암, 남해 금산 보리암이다. 모두 바닷가에 있고 일년 내내 철야기도가 끊이지 않는다고 한다. 남해 보리암은 특히 불심 깊은 경상도 여인들이 많이 찾는 곳으로, 그들이 무리지어 관음전에서 관세음보살을 부르면서 밤을 꼬박 새우는 모습이 장관을 이룬다. 경상도 특유의 억양 때문에 '관쎔보살 관쎔보살'로 들리다가 나중엔 '쌀관쎔보 쌀관쎔보'로도 들린다는 우스개도 있다. 그래도 관세음보살은 알아들을 것이다. 마음속 자기 자신을 깨우는 소리이기 때문이다.

불붙는 집의 문은 좁다

2007년 2월 25일, 태백산 정암사를 찾았다. 사북의 탄광지대를 지나서 나타난 절은 전설처럼 빛났다. 정암사는 적멸보궁이 있는 우리나라 5대 기도처 중 하나다. 보궁寶宮을 일컬어 적멸寂滅하다고 하는 절집의 표현은 깊은 생각에 빠져들도록 만든다. 그곳엔 불상이 없다. 일행 중엔 《법화경》을 사경寫經하는 데 열중하는 분들이 여럿 있다. 이날의 주제는 《법화경》이 되었다.

• • •

불교는 경전의 종류와 양이 방대합니다. 팔만대장경을 정리한 천태대사가 해석적으로 경전을 분류한 바에 의하면 붓다는 성도成道 후 21일 간 《화엄경》을, 12년 동안 《아함경》을, 8년 동안 《방등경》을, 22년 동안 《반야경》을, 8년 동안 《법화경》을 그리고 하루 밤낮에 《열반경》

을 설했다고 합니다.

최초에 《화엄경》을 설했을 때, 그것이 붓다의 진의를 나타내는 궁극의 경전으로서 일체유심조가 핵심인데도 너무 어렵고 알아듣는 중생이 없어 21일만에 포기했다고 합니다. 다른 경전들도 연기緣起, 공空 등을 다루는 난해한 논리와 철학이어서 어렵기는 마찬가지였지만 말입니다.

천태대사의 분류법과 달리 경전을 한시에서 쓰는 기승전결起承轉結의 구도에 대입시켜 분류할 수도 있습니다. 이때 《아함경》과 《방등경》류는 기, 《반야경》과 《화엄경》 류는 승, 《법화경》은 전, 《열반경》은 결에 해당합니다.

일반적으로 불교를 설명할 때 경전을 관통하는 핵심은 연기나 공, 또는 마음心이라고 사람마다 달리 설명합니다. 모두 맞는 말이며 결국 하나로 수렴되는 개념입니다. 그런데 이때 《법화경》만큼은 성격이 완전히 다릅니다. 다른 경전이 관계와 비움이라면 《법화경》은 채움과 구제救濟의 장입니다. 또한 다른 경전이 논리와 심리, 철학의 범주에 속한다면, 《법화경》은 종교적 비약이자 체계상의 대반전이라고 할 수 있습니다. 무無가 유有로 되고, 무아無我가 실상實相으로 바뀌며, 업장이 소멸되고 내향성이 외향성으로 변합니다.

《법화경》은 붓다가 인도 라즈기르에 있는 영취산이라는 작은 바위산에서 설했다고 합니다. 《법화경》은 구바라집이 번역한 《묘법연화경妙法蓮華經》을 줄인 말입니다. 학자들에 따르면 《법화경》은 고대 인도에서 비구 교단과는 별도로 활동했던 재가 보살들이 중심이 되어 진보적인 종교운동을 전개하면서 서북 인도지방에서 결집된 경전으로 알려져 있습니다. 즉 경전 결집의 동기가 철학적 탐구나 수행을 통한 자기완성에 있는 것이 아니라 부처 숭배, 중생 구제, 자비, 소원 성취, 제법실상諸法實相 등에 있는 것입니다. 이런 점에서 《법화경》은 어찌 보면 매우 '불교적이지 않은' 경전일 수 있습니다.

인간의 지혜가 고도로 상향평준화 된 현대에도 천재나 선각자가 도달한 경지는 고고합니다. 대중은 어렵고 심오한 것, 내향적인 것과 친해지지 않습니다. 《법화경》은 중생이 자기들의 수준과 바람 속으로 붓다를 끌어들인 결과물 중 하나입니다.

《묘법연화경》은 7권 28품으로 된 방대한 책입니다. 흔히 알려진 내용은 방편품方便品, 비유품譬喻品, 신해품信解品, 약초유품藥草喻品, 관세음보살보문품觀世音菩薩普門品 등입니다. 그중에서도 비유품의 화택火宅은 가장 자주 인용되는 것으로 이 경전 전체의 백미라 해도 과언이 아닙니다.

옛날 옛적 한 마을에 장자長者가 살았는데 재산은 한량없고 하인도 많았다. 그의 집은 매우 크고 넓었으나 대문은 꼭 하나뿐이고 그 안에 수백 명의 사람이 살았다. 어느 날 그 집에 불이 났다. 그 집안에는 장자의 아들 수십 명이 있었다. 아이들은 장난치고 노느라고 불 난 것을 깨닫지 못하였다. 두려워하지도 않고 곧 닥칠 고통을 알지도 못하고 걱정하는 마음도 없어 나오려는 생각조차 없었다. 문은 좁고 하나뿐이다. 들어가서 구출할 방법도 없다. 장자는 빨리 나오라고 소리치고 달랬지만 아이들은 아무것도 모르고 아버지를 바라보기만 할 뿐이다. 그 아버지가 여러 자식들이 장난감을 좋아하는 것을 알고 '내가 너희들이 좋아하는 여러 가지 수레를 여기 가지고 있으니 나누어주겠다'고 말하자 아이들이 기뻐하며 서로 밀치고 앞다투어 불 붙은 집에서 뛰쳐나왔다. 장자는 기쁨을 억제할 수 없었다.

여기서 불난 집이란 삼계三界(欲界, 色界, 無色界)라는 썩고 낡은 집이며, 불이란 나고 늙고 병들고 죽으며 근심하고 슬퍼하고 고통받고 고뇌하며 어리석고 아둔한 삼독三毒으로 풀이됩니다. 붓다는 자신의 능력과 지혜에만 의존하지 않고, 보배로 된 수레를 얻은 자를 일컬어 삼승三乘이라 하고 성문聲聞, 연각緣覺, 보살菩薩 등을 제시합니다. 이들은 스스로 깨달아 진리를 알았거나 중생을 제도하는 자들입니다.

여기까지가 《법화경》 비유품의 요지입니다. 이 설법에는 많은 붓다의 가르침이 비유나 암시, 또는 간곡함으로 담겨 있습니다. 우선 특별한 것은 '방편'이라는 수단을 노골적으로 말하는 부분입니다. 장자가 불난 집 속에 있는 아이들을 꾀어내기 위해 보여주는 장난감 수레란 무엇인가요. 그것은 속임수입니다. 정직한 말을 이해하지 못하는 중생에게는 그가 알아듣기 쉬운 거짓말이 필요합니다. 방편은 그 자체로 의미 있는 것이 아니라 불법이라는 진리를 가르치는 수단으로 쓰이는 것입니다. 붓다가 40년 가까이 쏟아내고 또 쏟아낸 말, 어쩔 수 없이 이리 굴리고 저리 굴린 말, 그것들을 집대성한 경전 전체가 오직 방편에 불과하다는 것입니다. 사실 다른 어떤 종교와 경전, 교주의 가르침도 스스로 속임수라고 고백하는 예는 없습니다. 불법의 솔직함과 진실함이 여기에서 여실히 드러나는 것입니다.

또 하나 주목해야 할 점이 있습니다. 어째서 장자의 집은 수백 명의 권속과 수십 명의 자식들이 사는 넓은 집인데도 좁은 문 하나밖에 없는 것일까요. 왜 밖에 있는 사람이 그 문으로 들어가서 안에 있는 사람을 구해낼 수조차 없는 옹색한 구조로 설정했냐는 것입니다. 그 문은 안에 있는 사람의 자각이나 외부의 유인에 의해 스스로 나와야 하는 문, 즉 '마음의 문'이기 때문입니다. 사람이 저마다 가진 마음의 문은 오직 하나뿐이고 좁디 좁습니다. 그곳에는 남이 들어갈 수가 없습니다. 부처도 못 가는 곳은 세상에 오직 그곳뿐입니다. 마음의 주인이 스스로 빠져나오지 않으면 아무도 끌어낼 수 없는 집이지요. 화택火宅의 구조로 일체유심조라는 붓다의 가르침을 극적으로 암시하는 것입니다.

붓다는 중생 누구에게나 불성이 있다고 합니다. 마음을 쓰기에 따라 그 문이 넓기도 하고 좁기도 한데, 마음을 열면 불난 집을 빠져나와 열반에 이를 수 있다고 봤습니다. 화택의 문에 당도하고 보니 에둘러 하는 속임수 속에 정작 소중한 보배를 감추고 있습니다. 그건 자식을 기르는 부모의 마음입니다. 붓다에게 있어서 정설과 방편은 다르지 않았던 셈입니다. 일체유심!

색즉시공에 혹을 달다

2002년 9월 29일 방문한 합천 해인사는 팔만대장경을 보유한 법보 사찰이다. 이날은 우리가 예불할 때 빠짐없이 암송하는 《반야심경》을 같이 풀어보기로 했다.

• • •

불교는 공空입니다. 공은 세상 모든 것이 인연에 따라 생겼을 뿐 스스로는 실체가 없다는 의미입니다. 공은 제로, 영零과 성격이 같습니다. 수학에서 영은 가장 작은 수이면서 자연수에 반대되는 음수에서는 가장 큰 수입니다. 양수이고 음수이며, 있다고 할 수도 없고 없다고 할 수도 없는 것, 시작이자 끝인 수입니다. 이것은 고대 인도 사람들이 밝혀낸 전세계적이고 현대적인 개념입니다.

공과 영의 공통점은 없는 것, 보이지 않는 것에 대해 적극적으로 의미를 부여한다는 점입니다. 이것은 순수한 사유를 통해서만 이해할 수 있는 철학적 개념입니다. 영과 공을 알면 모든 개념이나 속성으로부터 자유롭게 되고 물질과 마음의 세계를 한눈에 볼 수 있는 관점이 생깁니다. 이 공을 가장 간결하게 설명하고 있는 경전이 《반야심경》입니다.

제목을 포함해 단 270자로 구성된 이 짧은 경전을 간추리면, '조견 오온개공 도일체고액照見 五蘊皆空 度一切苦厄'이라고 할 수 있습니다. 이는 '오온이 모두 공함을 비추어보고 모든 고통과 액운을 건넜다'는 뜻입니다. 오온이란 색色, 수受, 상相, 행行, 식識을 뜻합니다. 물질 또는 몸, 감각기관, 감각의 느낌, 감각에 대한 반응, 감각에 따른 판단을 나열한 것이지요. 우선 처음의 색은 물질, 즉 인간 외부에 존재하는 대상 혹은 객체이고 뒤의 네 가지는 인간의 내적인 의식, 즉 주체라고 보는 견해가 있습니다. 또는 색(地·水·火·風의 결합체)을 몸이라 보고 나머지를 마음을 일으키는 요소로 보는 견해도 있습니다. 어쨌든 이 다섯 가지가 모두 공하다는 것이 《반야심경》의 핵심입니다.

여기에서 그 유명한 '색즉시공 공즉시색色卽是空 空卽是色'이란 구절이 등장합니다. 이는 물질이 곧 공이요 공이 곧 물질이라는 말입니다. 색즉시공만으로도 의미전달이 분명한데도 뒤집어서 공즉시색이라고 반복한 것에는 두 가지 의미가 있습니다. 하나는 색과 공의 완전한 합일을 강조하는 것입니다. 둘째는 색이 공이라는 점만 강조하면 중생의 지견은 모든 것은 공허한 것, 없는 것, 무의미한 것이라는 공병空病에 빠지기 쉽기 때문입니다. 그것을 뒤집어서 '공즉시색'이라고 해야 눈에 보이는 물질세계를 부정하지 않는 불교의 참뜻을 나타낼 수가 있습니다. 이렇게 있는 것과 없는 것, 감각과 감각 밖에 있는 것을 동시에 볼 수 있는 통찰력이 바로 조견照見입니다.

색이 공이라는 말은 의외로 이해하기 어려운 말입니다. 질문이 가장 많은 부분이기도 합니다. 색이 공이다, 더 나아가 물질과 의식을 포함한 제법諸法의 실상이 공하다는 것은 보고 만지며 삶을 체험하는 사람에게 이해가 쉽지 않습니다. 그러면 공은 도대체 무엇으로 이해해야 할까요.

첫째, 현대 양자 물리학이나 물질 구조의 현미경적 관찰을 인용해 공의 개념을 설명하는 경우가 많습니다. 원자핵은 양자와 중성자로 되어 있고, 양자를 더욱 분해하면 쿼크라는 더 작은 단위에 이릅니다. 그 본질을 파고들면 물질이 에너지고 에너지가 물질인 영역이 나타난다고 합니다. 그래서 물질로서의 유有와, 존재를 측정할 수 없는 공으로서의 무無는 경계가 분명치 않게 된다는 것입니다. 또 물질의 기본 단위인 원자만 보더라도 원자핵을 중심으로 각각 다른 수의 전자가 주위를 회전하는 구조로 되어 있는데, 전자는 자기 크기의 수만 배 혹은 수억 배의 거리를 두고 원자핵 주위를 돌고 있다고 합니다. 마치 태양을 중심으로 행성들이 회전하고 있는 태양계의 모습과 같습니다. 따라서 원자의 형태는 거의 전부가 빈 공간으로 되어 있고, 그 공간의 무한한 집적이 우리가 보고 감각하는 물질이 된다는 것입니다. 그 옛날 붓다가 불법을 설할 때 이런 현대 물리학을 알고 있었다고는 할 수 없고, 다만 현대의 과학적 성과를 불교가 아전인수 격으로 해석한 것으로 보는 것이 맞겠습니다.

둘째, 공은 불교를 증명하는 제법무아諸法無我 또는 제행무상諸行無常이라는 두 가지 법인의 기본 전제가 됩니다. 존재하는 모든 것은 절대적인 자성自性이 없습니다. 인연에 따라 상대적으로 존재할 뿐이며 찰나에 따라 끊임없이 변하고 있습니다. 고정된 실체는 있을 수 없지요. 앞서 수·상·행·식이라는 자아의 구성요소들은 색이라는 객체가 있음으로써 존재하는 것이고, 그 반대도 마찬가지입니다. 또 어느 한 쪽이 없어지면 다른 것도 존재할 수 없습니다. 연기론적 관점입니다. 존재하는 모든 것은 당연히 그 스스로는 공이라는 것입니다.

셋째는 공을 '마음'으로 해석하는 것입니다. 일체유심조, 즉 불교는 마음이 사물과 현상을 결정하고 지배한다고 봅니다. 모든 대상, 감각, 작용은 마음과 의식 안에 의미 있게 들어와 있을 때 비로소 존재하는 것입니다. 마음 밖에서는 있는 것도 없는 것이 되고 맙니다. 관심이 없으면 보이지도 들리지도 않는 것은 누구나 경험하지 않습니까.

넷째, 공을 공간적인 인연으로 파악하는 것입니다. 모든 존재는 그것을 느낄 만한 거리를 조건으로 합니다. 대상과의 거리를 무한대로 늘리거나 좁히면 대상은 감지되지 않습니다. 사람도 지구 밖에서 보면 공이고 박테리아의 세계에서 보아도 공입니다.

다섯째, 공을 시간의 인연으로 보는 것입니다. 존재와 그에 대한 의식은 같은 공간과 마찬가지로 같은 시간대라는 인연 안에서만 성립되는 것입니다. 모든 과거와 미래는 공이고, 현재라는 것도 매 순간 붙잡을 수 없는 것입니다. 마찬가지로 장구한 세월 속에서 통찰하는 모든 것은 예외 없이 공입니다.

여섯째는 색을 몸으로 수 · 상 · 행 · 식을 의식 또는 마음으로 보아서 오온을 삶으로 본다면, 태어나기 전이 공이고 죽고 나서도 공이라는 것입니다. 그러면 나고 죽는 것과 더럽고 깨끗한 것, 늘고 주는 것이 없다는 《반야심경》의 주제에 가 닿습니다.

이상의 해석들도 색이 공이라는 일방의 설명이고 그 역逆인 공이 색이라는 명제는 또 다른 철학적 접근이 필요합니다. 앞에서 설명한 색은 공, 공은 색의 논리구조에 대한 두 가지 해석을 더 진전시키면 모든 존재는 영으로 회귀하고 또한 그곳에서 탄생한다는 결론에 닿습니다. 이것이 바로 윤회輪廻입니다. 모든 존재는 윤회하는 굴레의 순간포착이라는 우주의 진리가 곧 '색즉시공 공즉시색'으로 표현된 것입니다.

● ● ●

해인사에서는 점심공양을 해주었다. 큰 절에서는 오히려 어려운 일이다. 점심때가 한참 지나서 우리 일행만 식당에 들게 되었는데, 황토색 승복을 입은 사미승 10여 명이 군대식으로 배식을 하고 설거지를 하는 모습에 눈길이 오래 머물렀다. 역시 기개가 넘치는 절이다. 돌아오는 길에 대장경 반야심경판 탁본들을 하나씩 얻었다.

사구게

2001년 3월 25일. 문경 대승사, 윤필암, 김용사에 들렀다. 대승사는 예전부터 공부하기 좋은 절로 알려진 곳이다. 현재 50여 명의 스님이 정진 중이라 하며, 정갈하고 조용한 윤필암은 부속 암자로 비구니 스님들이 기거한다. 이날은 불교 최고의 경전이라는 《금강경》을 놓고 공부를 좀 해보기로 했다.

• • •

《금강반야바라밀경金剛般若波羅密經》 줄여서 《금강경Diamond Sutra》은 한역된 5,175개의 글자 중 '공空'이란 글자를 한 번도 쓰지 않고 그 사상을 설파한 경전입니다. 《금강경》은 너무나 잘 알려져 있고 그만큼 해설서도 많습니다. 간혹 이 경을 공부하고서 불교의 진수를 다 알아버린 것처럼 행세하는 사람도 있습니다. 조계종 등의 선종 계통에서는 교본, 즉 소의所依 경전으로 활용합니다.

그런데도 일반인이 《금강경》을 이해하기는 쉽지 않습니다. 더군다나 불교의 주요 경전들을 통합적으로 파악할 때 금강경이 어떤 위치에 있으며 연결고리를 어디에 두는지는 더욱 알기 어렵습니다. 그것을 정확하게 설명해주는 사람도 매우 드뭅니다. 철학으로서의 공 개념은 그대로 완성될 수 있습니다. 그러나 종교로서의 공은 결론일 수가 없습니다. 만약 그렇다면 불교는 허무주의이고 《금강경》은 공병空病을 유도하는 것일 뿐입니다.

붓다의 가르침 전체로 보면 《금강경》은 강물을 건너는 뗏목이고 계단을 오르는 사다리입니다. 변증법적 사고로 보면 정반합正反合에서 반反에 해당하며, 독을 쓰기 이전에 깨끗한 물로 헹구어 독을 비우는 과정이라고 할 수 있습니다. 부동의 고정관념을 깨서 생각을 새롭게 하고 성장시키는 경전입니다. 그래서 공은 새로워지기 위한 전 단계의 버림, 비움, 긴장attention입니다.

공에 대해 간결하고 강력한 설명을 해주는 매우 짧은 경, 《반야심경》에도 이 점이 잘 나타나 있습니다. 관음보살이 간절히 지혜의 뗏목을 찾은 바 '오온이 모두 공임을 꿰뚫어보고 모든 고통과 액운을 건넜다'는 말을 다시 상기해보십시오. 여기서 지혜는 공이요 공은 곧 뗏목입니다. 뗏목은 수단이므로 강을 건너고 나면 버려야 합니다. 도올 김용옥의 《금강경강해》에선 이렇게 설명하고 있습니다.

《금강경》은 불교의 교리가 아니라 모든 종교가 궁극적으로 추구하는 진리에 대한 통찰이다. 그것은 철학적 논서가 아니라 깨달음의 찬가다. 개념의 나열이 아니라 득도의 환희를 불러일으키는 신의 부름이다. (…) 봉우리와 봉우리를 건너뛰는 소략하고 담박한 시경詩境이다. 《반야심경》처럼 너무 집약되지도 않고 너무 길지도 않다. 심오하고 근본적이고 철저한 무아無我의 주제를 설하고 있다.

《금강경》의 한역본漢譯本은 구마라집 역, 진제 역, 현장 역 등 6종이 있는데 일반적으로 구마라집 역본을 말합니다. 이것도 수많은 판본이 있지만 정본은 해인사 장경각의 고려대장경 판본으로 보는 것이 정설이라고 합니다. 《금강경》은 번역서와 판본이 많은 만큼 해석의 방법도 다양합니다. 거기다가 인도 사람들의 사변적 화법을 구어체가 아니라 뜻글인 한문의 문어체로 접하는 데서 오는 혼란도 있습니다. 열대지방 인도의 숲속에서 일단의 명상족들이 행하는 사유 게임에는 도무지 시간 제약이 없습니다. 반복, 예시, 비유, 변주가 끝없이 이어집니다. 그런 식으로 그 짧은 《반야심경》마저 붓다는 무려 22년 간 설한 것입니다. 그러니 《금강경》을 읽으려면 상당한 인내도 필요합니다.

《금강경》은 총 32분分으로 나뉘어 있습니다. 이중 제8분에 보면 '만약 어떠한 사람이 있어 이 경을 받아 지니고 사구게四句偈 하나라도 타인을 위해 설하는 데 이른다면 그 사람의 복이 먼저 칠보로 공덕한 사람의 복을 뛰어넘으리라' 고 되어 있습니다. 사구게 하나라도 남을 위해 일러주면 복이 비할 데 없이 크다는 말은 제11분, 12분, 13분에도 반복적으로 나오고 마지막 32분에서 다시 강조되며 게송偈頌으로 마무리됩니다.

그러면 과연 사구게는 무엇인가? 글자 그대로 말하면 네 글자로 된 단어, 즉 4행시詩입니다. 산스크리트어로 된 원전을 한문화하면서 글자 수가 딱 맞아떨어지도록 편집했다고 보기는 어렵지만, 한문으로 번역하다보니 요행히 네 글자로 된 구절이 중요한 부분이 되는 경우가 곳곳에 있었던 모양입니다.

가장 잘 알려진 사구게는 제10분의 '응무소주 이생기심應無所住 而生其心'입니다. '반드시 머무는 곳 없이 그 마음을 낼지니라'라는 뜻이지요. 이 부분을 《금강경》 전체의 핵심, 즉 안목眼目이라 부르기도 합니다. 원문은 다음과 같습니다.

"수보리야 네 뜻이 어떠하뇨? 보살이 불토를 장엄하게 한다는 말이 말이 되느냐 아니 되느냐?"

"아니 되옵니다. 세존이시여. 장엄함이란 장엄함이 없기 때문에 비로소 장엄하다 이름하는 것이오이다."

"그러므로 수보리야 뭇 보살 마하살은 반드시 이와 같이 깨끗한 마음을 내어야 한다. 마땅히 색에 머물러 그 마음을 내지 말 것이며 또한 성, 향, 미, 촉, 법에 머물러 마음을 내지 말 것이다. 반드시 머무는 곳 없이 그 마음을 낼지니라."

중국 선종의 6조인 혜능이 이 구절을 듣고 크게 깨우쳤다는 전설이 있습니다. 혜능은 세 살에 부친을 사별하고 나무를 팔아 생계를 유지하던 가난하고 무식한 사람이었습니다. 그가 어느 날 여관에 나무를 날라주다가 방에서 어느 손님이 글 읽는 소리를 듣게 되는데, 바로 이 구절을 듣고 크게 발심했다는 것입니다. 그는 작심하고 구걸해서 모은 은 열 냥을 홀로 남게 된 노모에게 드리고 하직한 뒤, 기주 동선사에 있던 5조 홍인대사를 찾아갔다고 합니다. 혜능이 왜 이 대목에서 일생일대의 전기를 맞는 큰 깨달음을 얻었는지는 본인만 알 뿐입니다. 짐작을 보탠다면, 사람이 무슨 행동을 하기 전에 작심을 할 때는 무언가 걸림住이 있어서 방해를 받게 마련입니다. 그 걸림은 다른 말로 핑계입니다. 혜능이 가고자 한 인생행로에서 그의 홀어머니는 현실적인 걸림돌이었을 것입니다. 그 장애를 극복한 결단이 바로 깨달음이었을 것이라고 상상해볼 수도 있겠습니다. 사람의 성공과 실패, 행과 불행은 핑계에 대한 대응 결과물입니다.

다음은 제5분에 나오는 '범소유상 개시허망 약견 제상비상 즉견여래凡所有相 皆是虛妄 若見 諸相非相 則見如來(무릇 있는 바의 형상이 모두 허망한 것이니 만약 형상이 형상이 아님을 보면 곧 여래를 보리라)' 라는 사구게입니다. 해석하면 '무릇 모든 집착은 허망한 것이다. 만약 집착이라는 것이 실체가 없는 것임을 알면 바로 여래를 볼 수 있다' 는 의미입니다. 상相을 '형상' 이 아니라 '집착' 으로 해석하는 것이지요. 그래야 글자를 정확히 해석하는 것이 됩니다.

이 외에도 '리일체제상 즉명제불離一切諸相 則名諸佛(일체의 집착을 여원 자는 이름 하여 부처라 한다)'(제14분), '여래자 무소종래 역무소거 고명여래如來者 無所從來 亦無所去 故名如來(여래는 어디서 온 바도 없으며 어디로 가는 법도 없다. 그래서 여래라 부르는 것이다)'(제23분) 등의 사구게가 등장합니다. 제32분에서는 이 경이나 사구게를 다른 사람에게 어떻게 전해야 하느냐에 대해서도 말하고 있습니다.

"그러면 다른 사람을 위하여는 어떻게 말하오리까?云何 爲人演說"
"상을 취하지 말라. 그대로 움직이지 말라.不取於相 如如不動"

왜 상을 취하지 않아야 하며, 어떻게 움직이지도 않고 다른 사람에게 말을 하란 것인가? 이 점을 제 나름대로는 '상대를 존중하고 일관되게 확신을 가지고'라고 해석하고 싶습니다. 사실 이 부분은 매우 중요한 언급입니다. 붓다의 시대는 글이 아닌 말의 시대였고, 구전口傳과 기억이 중요했습니다. 웅변적 감동이 아니라 다른 사람이 이해하고 간직하는 의미 있는 말을 하라는 뜻인 듯합니다.

마지막 사구게(실은 5구게)에서 《금강경》의 대미가 비수처럼 번득이며 번뇌망상들을 싹뚝 잘라버립니다.

一切有爲法(일체유위법)
如夢幻泡影(여몽환포영)

如露亦如電(여로역여전)

應作如是見(응작여시견)

존재하는 모든 것은

꿈이고 환영이고 물거품이고 그림자일세.

이슬 같고 또한 번개 같나니

응당 이와 같이 볼지니라.

● ● ●

마지막으로 들른 김용사의 주지 자광慈光 스님은 유행가 가사를 인용하여 특이하고 재미난 법문을 해주었다. 덕분에 법당에는 몇 차례나 웃음소리가 요동쳤는데, 마침 필기도구를 지참하지 않아 내용을 기록해두지 못한 것이 아쉽다. 역시 기억은 오래가지 않는다. 나이 들어감에 따라 느끼는 증세 중 하나다.

삼배三拜 고考

2008년 4월 27일, 진천 보탑사를 찾았다. 최근에 비구니 스님이 창건한 아름다운 절이다. 갖가지 야생화를 가꾸어두었는데, 한 시간 이상이나 돌아보아야 할 정도이다. 이곳은 절집 자체가 극락정토 같다. 가는 길 법문의 주제는 절拜이었다.

• • •

절寺의 이름이 절인 것은 절拜을 많이 하는 곳이기 때문이라는 설이 있습니다. 절에서는 참으로 많은 절을 합니다. 우선 대웅전 같은 본당에서 주불主佛에 3배를 하고, 좌측이나 우측에 있는 험상궂은 호위무장들이 그려진 신중단에 3배를 하는 것이 기본입니다. 다음에는 관음전, 명부전, 삼성각 등을 돌며 3배씩을 합니다. 스님에게도 3배를 하는 것이 관례입니다. 작정하고 기도를 더 하겠다면 보통 108배를 하고 철야를 한다든지, 시간이 있으면 1,000배 3,000배를 예사로 합니다. 그런 것을 매일 하는 사람도 있습니다. 절은 많이 할수록 좋다고들 합니다.

절은 이른바 오체투지五體投地가 기본인데, 사지와 머리를 바닥에 닿게 하고 가장 낮은 자세에서 손바닥을 뒤집어 머리 위로 올립니다. 절은 정형화된 의식이라기보다 존경과 복종을 표시하는 예법으로, 절의 의미와 가치는 결코 가볍지 않습니다.

2007년 10월 노무현 대통령이 북한을 방문해 김정일 국방위원장과 정상회담을 했을 때입니다. 남쪽 수행원들이 도열해 김정일과 악수를 하는데, 장관과 국정원장 등 내노라하는 권력자들이 황송하고 감읍한 듯 허리를 굽히고 두 손을 내밀어 손을 잡는데 유독 김장수 국방부 장관만 꼿꼿이 선 채로 손을 잡았습니다. 그 장면을 본 사람들은 60만 국군의 수장다운 기개와 자존심을 보여주었다고 칭송이 자자했습니다. 정작 김 장관 본인은 "내 키가 커서 구부리면 머리가 부딪칠 것 같아 그랬다"고 했지만, 사람들은 몸에 밴 군인정신의 발로라고 계속 치켜세웠습니다. 정권이 바뀌어도 그 사람만은 유임된다는 말이 나오더니, 결국 총선에서 여당이 비례대표로 영입하더군요.

절을 하지 않아서 목숨을 잃기도 하지만, 절을 더 해서 목숨을 잃을 뻔하기도 합니다. 전쟁에서 패한 장수가 무릎을 꿇고 절하라는 적장의 강요를 뿌리치고 목이 잘렸던 사례는 허다합니다. 중국에 사신으로 갔던 조선의 관리가 천자天子에게 절을 했는데 천자가 딴청을 부렸습니다. 못 본 줄 알고 다시 절을 했더니 "두 번 절하는 것은 사자死者

에게 하는 것이거늘 어찌 나에게 두 번 절하느냐!"라는 호통이 떨어졌습니다. 사신은 침착하게 "첫 번째 절은 처음 뵙는 인사이고 뒤의 절은 이제 물러가겠다는 인사였습니다."라고 재치를 발휘해서 위기를 모면했다는 고사도 있습니다.

요즘 결혼식에서는 부부가 백년가약을 맺는 첫 상견례로 맞절을 하지만, 옛날 전통혼례에서는 신랑이 1배 또는 재배再拜를 하고 신부는 그 두 배인 재배 또는 4배를 해서 남존여비와 부부유별에 기반한 엄중한 결혼의 의미를 강조했습니다.

예전에야 길에서도 사람을 만나면 허리를 굽혀 반절을 하는 일이 많았지만, 요즘은 악수나 목례만 합니다. 무릎 꿇고 절하는 의식은 설날 세배歲拜 정도고, 제사나 묘사시에 조상에게 두 번씩 절하는 것이 고작입니다. 아니면 살 빼는 데 좋다고 해서 국민체조쯤으로 평가절하하기도 합니다. 많은 기독교인들이 유교의식으로서의 절을 거부하는데, 절 하나를 하네 못하네 해서 집안에 불화를 일으키는 일이 많습니다.

수행정진 중에 매일 수천 배씩 절을 했다는 어느 덕망 높은 고승을 만나 왜 그렇게 많은 절이 필요하냐고 물은 적이 있습니다. 그의 대답은 이랬습니다.

"참 절 한 번을 위해서는 수많은 헛 절이 필요하더군요."

진심으로 깨닫고 자신을 낮추는 그 순간이 올 때까지 해야 하는 헛절을 계산에 넣자면 절집에서의 절은 자연스레 과잉과 낭비로 이어진다는 이야기입니다.

우리나라에서 스님에 대한 3배는 고故 성철 스님 등 봉암사 결사자들에 의해 관행이 된 것이라고 합니다. 조선왕조 500년 동안 갖은 핍박과 숱한 훼불毁佛을 겪은 불교계가, 승풍僧風을 진작하고 승려가 바른 대접을 받고자 하는 반작용에서 나온 것이라고 생각됩니다. 스님의 고행과 수행에 대한 존경, 자기 자신을 낮추고자 하는 불자의 겸허라는 측면에서 의미 있는 일이라 생각합니다.

그러나 전국의 절을 찾아다니다보면 사미승 딱지를 뗀 지 얼마 안된 새파란 스님이 승僧과 속俗을 지위의 고하高下로 단정하여 나이 지긋한 어른의 3배를 사양도 않고 받는 모습도 보는데, 세속의 눈에는 민망합니다. 절 관행을 비롯해, 불교도 권위주의를 떨치고 신도들을 좀 배려할 때가 되지 않았는가 싶습니다. 종교 경전을 소수가 필사본으로 점유하고 문자를 이해하는 사람이 적었을 때, 성직자가 교리 공급을 독점할 때와는 다른 시대입니다. 기독교 역사에서도 인쇄술의 발달이 종교개혁을 가져오지 않았습니까. 붓다의 가르침을 받는 방법도 대중화되었는데, 불교 교리가 스님의 전유물이거나 사찰의 주인이 스님이라고만 할 수가 없습니다.

사실 스님을 보기만 하면 3배를 하는 관례는 경전에 근거가 없습니다. 붓다의 말씀을 옮겨 적은 경전에는 예를 표하는 방식에 대한 언급이 나오긴 합니다. 그런데 그렇게 엄격하고 딱딱하지가 않습니다. 초기 경전인 《숫타니파타》에는 붓다를 대하는 장면을 묘사하면서, "합장하고" "스승에 절하고" "가까이 다가가 인사하고" "절을 하고 한쪽에 섰다" "가까이 다가가서 말했다" 등의 표현이 나옵니다. 《금강경》에선 "그때 장로 수보리가 대중 가운데 있다가 자리에서 일어나 오른쪽 어깨의 옷을 걷어메고 오른쪽 무릎을 꿇어 합장하며 부처님께 여쭈었다"고 되어 있습니다. 《화엄경》에서도 "보살들은 수많은 권속들과 함께 사방에서 구름처럼 몰려와 부처님을 찬탄했다"고 했고, 《법화경》에서는 "여러 보살을 위하여 《대승경》을 설한 뒤 가부좌를 하시고 무량의처삼매無量義處三昧에 드시어 몸과 마음이 움직이지 않으셨다"라는 표현이 나옵니다. 다른 경전에서도 바로 문답에 들어갈 뿐, 여기서 예로 든 것 이상의 형식과 의례에 대해선 별로 언급이 없습니다. 붓다는 인사를 받는 데 그리 큰 신경을 쓰지 않은 것 같습니다.

과잉 예절이 승속僧俗 간에 불필요한 거리를 만들고 불교에 대한 거부감을 키울 수도 있습니다. 젊은 사람들과 현대적 감각을 가진 식자識者들이 불교에 쉽게 다가서지 못하는 이유도 생각해봐야 합니다. 절이 아깝거나 절을 받는 스님을 얕봐서가 아닙니다. 이제는 소비자 주권 시대입니다. 독단, 권위, 공급자 위주의 판단과 행위는 설 땅이 좁아질 수밖에 없습니다. 종교는 믿음의 공급자고, 절과 스님은 붓다의 가르침을 공급하는 곳입니다. 소비자인 신도가 없는 절이 무슨 소용이 있으며, 스님 혼자 수행 정진하여 깨달았다면 그것을 무엇에 쓰겠습니까.

선지식들이 말한 대로 시주施主가 사찰의 주인이고, 중생이 곧 부처고 보살입니다. 신이 아닌 사람에게는 1배면 족합니다. 합장만 해도 격조 있는 인사법이라고 생각합니다.

• • •

그날 우리 일행의 기세를 감지했기 때문일까. 총무 스님이 웃는 얼굴, 고운 말, 이런 것들이 진정한 보시라는 법문을 끝내고는 주지인 지광志光 스님을 모시고 나왔다. 다행히도 노스님은 1배만 받으셨다.

불교란 무엇입니까

2007년 7월 22일, 부산 범어사로 가는 길. 버스로 왕복 10시간이 걸리는 먼 길이다. 해가 긴 날 나서기로 진작부터 별렀던 곳이다.

열흘 전인 7월 12일에는 로마 교황이 "하느님은 이 땅에 하나의 교회만을 세웠고, 진정한 교회는 가톨릭뿐"이라며 개신교와 그리스 정교를 비판했다. 7월 15일엔 잠실 올림픽경기장에서 한국교회 부흥 100주년 기념집회가 있었는데 한 원로목사가 스스로 교회를 비판하고 회개하는 기도를 했다. 그리고 바로 이틀 전 7월 20일엔 분당의 모 교회 선교단 23명이 회교 국가인 아프가니스탄에 선교를 갔다가 탈레반에게 납치되어 온 국민의 가슴을 졸이게 하고 있다. 한 기독교대학의 교수는 방송에 나와 기독교의 편향성을 주장하며 자신이 절에 가서 불상에 절하는 모습을 방영한 일이 있었다. 그러자 학교 측이 건학이념을 위반하고 명예를 훼손했다며 파면 결정을 내렸는데, 법원에 취소 소송을 내 승소하기도 했다. 이 시대 대표적 지성인 이어령 씨가 딸과 손자의 병이 치유된 것에 감명받아 천주교를 받아들이고 '이성에서 지성, 지성에서 영성으로' 란 제목으로 일본에서 전도 강의를 한다는 소식도 들린다.

날씨만큼이나 종교도 뜨거운 세상이다. 오직 불교만 잠자는 듯 고요하다. 범어사에서 돌아오는 머나먼 귀경길, 일행 중 한 여성이 잔잔한 호수에 돌 하나를 던지듯 질문했다.

"불교란 과연 무엇입니까?"

어린아이의 질문에 답하기가 어렵듯, 너무 기본적인 것을 물으면 황당해진다. '2,600년 전 큰 깨달음을 얻은 석가모니 붓다의 가르침을 배우고 믿는 종교' 라는 정도의 평범한 답을 그녀가 몰라서 물었을 리는 없다. 이제까지 90차례 하루출가 여행을 다니면서 듣고 말하기를 반복하지만, 결국 우리는 이 한 가지 물음에서 벗어나지 못하고 있는 것이다. 사실 여기저기 적힌 글과 들리는 말은 전부 모호하기만 했지, 정곡을 찔러 손 안에 쥐어주는 이는 없었다.

문득 《벌거벗은 임금님》이란 동화가 생각났다. 임금의 허영과 간신들의 아첨이 결합해 없는 것을 있다 하고, 모르는 것을 안다고 위선을 쌓아가다 한 어린애의 천진난만한 한 마디에 모두 제정신으로 돌아가 부끄러움을 느낀다는 이야기 말이다. 그녀의 우문愚問과도 같은 현문賢問에 어떻게 답해야 할까. 이럴 때 현자賢者는 답보다 질문을 먼저 찾는다는 말이 생각났다. 나는 일단 질문을 다시 그녀에게 돌려봤다.

"본인은 여태 불교를 무엇이라고 알고 있었습니까?"

"잘 모르겠어요."

"그런데 새삼 그것이 왜 궁금해지셨습니까?"

"제가 절에 다닌다니까 다른 친구들이 그래요. '요새 촌스럽게 무슨 절을 다니냐. 우상偶像에다 음식 놓고 절하고, 그게 뭐냐? 불교가 철학이지 종교냐? 구원도 없지 않아?' 하고 빈정대는데 제가 뭐라고 답할 말이 없어요. 내가 내 종교에 이렇게 무지하구나 하고 느끼면서도, 누구에게 용기 있게 물어보지도 못했어요. 창피한 일이지요."

"그 친구들은 자기의 종교에 대해서도 말하던가요?"

"그럼요. 자기들의 종교를 믿으면 기도하는 대로 이루어지고 은혜를 받아 죽으면 천당에 가서 영생한대요. 일상에서도 교우들 간에 친교가 활발하고 주일마다 찬송하고 설교를 들으면 마음이 평안하고 행복하대요. 그들은 다 말도 잘하고 적극적이고 신념이 강하더군요."

"그들이 부러우면 그쪽에도 가보시죠."

"그렇게도 해봤어요."

"그런데요?"

"그곳에서 하는 말들을 도무지 믿을 수가 없었어요."

"왜요?"

"믿으라고 하는 것들이 믿기지가 않았어요. 일방적이고 허무맹랑하고, 음, 예를 들면······."

"잠깐만요, 잘 모르기는 불교도 마찬가지 아닙니까?"

"그래도 제가 아직 알지 못하는, 그래서 더 알아야 할 무엇이 이쪽에는 있는 것 같아요. 무엇보다 종교를 쉽게 바꿀 수는 없는 것 아니겠어요?"

"스님들의 법문도 듣고 경전도 읽었을 것 아닙니까? 무엇이 채워지지 않는 건가요?"

"스님들도 매번 말이 다르고 애매해요. 알고 싶은 것을 말해주지도 않고, 무엇보다도 너무 어려워요."

"회원님의 생각은 여기 있는 모두와 다를 바 없습니다. 종교 일반을 두고 말한다면 불교는 좋은 종교라든지 다른 종교는 덜 좋다든지 하는 분별은 옳지 않습니다. 어떤 가치든 절대라는 것은 성립되지 않고 다만 다름이 있을 뿐입니다. 우리는 어느 쪽에 설지 선택하는 것이지요. 조금 전 '믿어지지 않아서 다른 종교를 받아들일 수 없다'고 하셨는데요, 믿음이야말로 종교에 다가가는 기본입니다. 믿지 않으면 종교는 성립되지 않습니다. 이 말은 사람이 종교를 만들었다는 반증입니다. 만들어진 것을 신봉하는 것은 그것이 형상이든 개념이든 넓은 의미의 우상입니다. 진리는 믿든 믿지 않든, 그냥 그래야 하는 보편타당한 질서입니다. 믿음은 체험하는 것이지 설득되는 것이 아닙니다. 그런데, 이런 긴 이야기 말고 간단명료한 한 마디가 듣고 싶은 것이지요?"

"네!"

"다른 종교를 염두에 두고 묻는다면……. 상대적인 개념인데요, 불교는 자유입니다. 대자유大自由 말입니다."

"연기緣起, 공空, 일체유심조一切唯心造, 깨달음, 무아無我, 고苦 등등의 말은 들었습니다만……."

"불교의 요체는 다 알고 계시네요. 사실 아는 사람이 더 궁금해하고 질문도 잘하는 법이지요. 그런데 그런 것들은 수단이고 변주일 뿐입니다. 그런 것들을 붙잡고 '알았다'고 자만하는 것은 착각입니다."

그녀는 가만히 귀를 기울이고 있었다. 나는 말을 이어갔다.

"우리는 삶에서 더 많은 자유를 향유하기 위해 절에 다니고 불교를 공부한다고 생각합니다. 절대신을 믿는 다른 종교들에서는 믿음과 순종이 미덕입니다. 그러나 불교의 궁극적 목표는 해탈解脫입니다. 죽어서 도달하는 열반涅槃뿐만 아니라, 살아서 나를 속박하는 굴레를 벗어나는 것이 진정한 해탈, 즉 무애無碍이고 대자유입니다. 붓다의 초기 법문을 종합하면, 자유에 이르는 첫 번째 길은 신神으로부터의 해방입니다. 이것은 지금도 온갖 신에 붙들려 있는 인도에서 붓다가 오래 전에 설파한 혁신적 사고입니다. 두 번째는 집착을 버리고 업장業障을 소멸하는 것입니다. 셋째는 스스로 완성되는 것입니다. '참나'를 찾는다는 견성見性과도 같은 것이지요."

"그런데 형식적으로는 불교가 우상 숭배라는 말이 맞지 않나요?"

"조금 전에도 잠깐 우상에 대해서 말했습니다만, 불상佛像을 우상이라고 하는 것은 불교를 모르고 비방하려는 사람들의 상투적 표현입니다. 우선 불상은 간다라미술의 영향을 받아 기원전 1세기 이후 만들어진 조형물입니다. 붓다를 기리기 위해, 붓다 사후 500년쯤 뒤에 조성된 것이지요. 단순한 상징, 표상일 뿐입니다. 모든 국가가 국기를 갖고 있는 것과 다를 바 없습니다. 불상은 인간의 순수한 염원, 존경, 예술을 아우르는 구상적 언어이자 역사입니다. 미륵보살 반가사유상, 석굴암 본존불에서 경주 남산의 감실부처, 음각마애불에 이르기까지 모두 강렬한 영적 메시지라고 할 수 있지요."

"그런데 무신無神이라는 불교에서 왜 부처나 보살들을 신처럼 숭배하고 기도합니까?"

"점점 질문이 어려워지네요. 평소 제가 정리한 대로 말한다면 불교는 철학에 샤머니즘의 옷을 입고 민중의 삶에 스며들었습니다. 처음부터 신이 중심인 다른 종교는 샤머니즘에 철학을 덧칠하는 것이지요. 결국 종교도 역사나 문화에 따라 변하는 것으로, 엄격히 말하면 사람 수 만큼의 종교가 있습니다. 부처나 보살에 대한 신격화는 개인적 사유와 체험의 영역입니다."

"불교 경전들은 왜 그렇게 많고 내용이 서로 다른가요?"

"경전만이 아닙니다. 불교는 원래 다경전多經典, 다불多佛, 다방편多方便, 다보살多菩薩을 지향합니다. 그리고 절집에서 보면 전각殿閣과 장구裝具도 많습니다. 이 점은 불교를 난해하게 해 신앙의 구심점을 흩뜨리는 부작용도 낳습니다. 외도外道들이 물어뜯을 허점을 노출하는 것도 사실이고요. 불교는 교리 해석의 다양성을 허용합니다. 공空과 일체유심조라는 기본 원칙을 벗어나지 않으면 궁극점을 바꾸어 말할 수도 있습니다. 각자가 경을 만들고 논하는 것이 허용된 종교는 아마도 불교가 유일할 겁니다. 모든 가치와 생각을 하나의 진리에 귀일시키려는 절대신 종교와 확연히 다르지요. '다多'라는 불교의 내용을 깊이 들여 다보면 서로 연결되고 배치되지 않아서 결국 하나로 수렴합니다."

"스님들은 왜 말도 잘 안 하고, 또 말을 잘 못합니까?"

"아마도 목사님들을 염두에 두고 물으시는 것 같은데요, 분명 그분 들은 유능하고 달변입니다. 무엇보다도 제복이나 완장을 차지 않고도 오직 말로만 교단을 꾸리고 성도들을 감동시키고 헌금으로 권위를 유 지한다는 것이 놀랍습니다. 그쪽은 단순한 교리로 화려한 설법을 합 니다. 반대로 스님들은 화려한 경전, 교리를 가지고도 그렇지 못합니 다. 솔직히 그것은 훈련 방식과 능력의 차이입니다. 1,600년 동안 이 땅의 중생살이를 관통해온 불교는 나태하고 안이해졌습니다. 승복과 가사가 권위를 부여한 것일 뿐, 그것을 벗고도 존경 받는 사람은 드뭅 니다. 무엇보다 공부를 하지 않습니다. 참선參禪, 불립문자不立文字 같 은 꾀병과 핑계가 만연하고, 승僧과 속俗을 신분의 상하로 착각합니 다. 혼자 문 닫고 가만히 앉아서 견성성불見性成佛 하겠다는 행태가 공 부와 수행의 최고 가치로 인식되고 있는 풍토입니다. 그러니 그들이 애써 교리를 공부하고 힘들게 말할 필요가 없는 것입니다. 우리 불교 최대의 비극은 법회의 빈곤입니다. 좋은 지적입니다. 언어로 살아가는 중생을 언어 없이 가르친다는 것, 그리고 질문에 명쾌하게 답하지 않 는다는 것은 망상이고 오만입니다. 붓다는 정각을 이룬 이후에 늘상 말로 다른 사람을 가르쳤습니다. 쉽게 말해 '말꾼'이었지요. 자, 더이 상 구업口業을 짓는 함정으로 빠지기 전에 여기서 끝내겠습니다."

100번째 하루출가

2008년 5월 25일. 강원도 인제 백담사는 봄이 흐드러지도록 무르익고 있었다. 절 앞의 계곡에만 아직도 시린 물이 흘렀다. 4월 초파일이 지난 지 열사흘, 절 마당에서부터 새로 지어진 돌다리를 따라 이어진 연등의 행렬이 눈부시게 아롱졌다.

우리는 설레는 마음을 억누르기가 힘들었다. '나를 찾아 떠나는 하루출가' 여행이 100번째를 맞이한 것이다. 2004년 6월 폭우로 길이 끊겨 출발을 급히 취소한 일을 제외하곤, 8년 5개월 간 이 월례행사를 빼먹은 적이 없었다. 이날 동행한 사람은 50명. 45명 정원인 버스 자리가 모자라 다섯 명은 보조의자에 앉았다.

흔히 불교 친목단체는 말이 많다고 한다. 그래서 되는 일도 안 되는 일도 없이 중구난방으로 흐지부지 되기가 일쑤라고들 한다. 찾아간 절에서 맞이해준 스님들이 우리에게 자주 던지는 질문이 "어느 사찰

소속이냐" 또는 "지도 법사는 있느냐"는 것이다. 우리끼리 다닌다고 하면 고개를 갸우뚱 하면서 걱정스러운 표정을 짓는다. '프로'로 불교를 공부하는 그분들이 '아마추어'의 즐거움을 가늠할 수 있을까. 대부분 문화의 소산들은 전문가들에 의해 지나치게 경직되고 고루해져, 소수의 전유물이 되곤 한다. 진정한 자유와 희열은 아마추어리즘에 존재한다고 믿는다.

우리 모임은 울타리가 없다. 가톨릭, 개신교, 유교, 무교, 어린이와 팔순 노인이 함께 염불하고 기도하고 독경하며 누구나 법문을 듣고, 말할 수 있다. 꼭 불교에 귀의하지 않아도 좋다. 한 달에 한 번 저렴한 여비로 문화재를 감상할 수 있다는 이유로 쫓아다니는 사람도 있고, 숨은 산수의 비경에 매료된 사람도 있다. 어떤 이는 절밥 먹으러 다니는 재미를 말하기도 한다.

여느 때처럼 새벽에 서울 명동을 떠나 강원도로 향하는 버스 안에서 나는 100번째의 감회를 말하기 위해 또 마이크를 잡았다. 먼저 상연거사 한우진 총무의 노고와 정성에 감사를 표했다. 이 점은 여러 번을 반복해도 모자란다. 그리고 한일은행 출신이 아닌 회원들에게도 고마움을 말했다. 이제는 그분들이 전체 멤버 중 절반을 넘는다. 경력도 다양하다. 무엇보다 우리 모임의 외연을 넓혀주었다. 또 그동안 우리의 절친한 도반道伴이었다가 유명을 달리한 곽염순 님을 비롯한 네 분께 잠시 명복을 빌어드렸다.

나의 어제와 오늘을 기억하는 엄중한 증인들 앞이다. 무엇보다 아내에게 감사를 했다. 40년 지기의 대학 은사 사모님인 김정완 님, 칠촌 고모 정계연 님, 학창시절 여러 해를 함께 자취했던 고종사촌 최규용, 대학교 동기 이삼수, 직장에서 동료로 일했던 김동후 정해량 김경옥 이충범 최진숙, 천현자 님 등 아내의 친구들, 아들 고등학교 시절 자모회 회원, 우리 아파트 이웃까지 이 여행에 동참해온 많은 분들을 일일이 불러드렸다. 그중 정혜모, 최영분, 소병식, 신수현 님 등은 항상 내 말을 듣는 표정이 너무나 진지해서 언제나 강의에 힘을 실어주고 또 청중을 더욱 두렵도록 느끼게 만들어준 분들이었다. 그간 네 분의 스님을 포함, 연 인원 4,000여 명이 나의 청중이 되어주었다. 8년 5개월 동안 왕복 200번의 버스길에서 줄잡아 150차례 이상 입으로 구업의 경계선을 넘나들었는데, 이제 나 자신에 대해 말해야 할 것 같았다. 내가 불교라는 과제를 방황과 비교 끝에 스스로 선택한 과정을 간추려 말했다.

• • •

제가 삶을 심각하게 돌아보기 시작한 것은 육신의 고통과 죽음에 대한 공포 때문이었습니다. 25년 전쯤, 갓 40대에 접어든 나는 항상 아프고 괴로웠습니다. 직장일이 많아 몸은 지쳐 까무라지는데, 자주 어지럽고 숨이 차고 불안하며 금방 죽을 것만 같았지요. 수시로 응급실로 실려가고 별의별 검사를 다 받아봐도 특별히 드러나는 병명이 없었습니다. '이게 죽는 순간이구나' 하고 공포를 느꼈지요. 그것이 공황장애에 의한 것이라는 진단을 받았지만 딱히 약도 없었습니다.

집안 노인들은 귀신병이니 굿을 하라고도 했고, 어떤 이는 과도한 스트레스 때문이니 직장을 쉬어야 한다고 권하기도 했습니다. 모두 다 받아들이기 어려운 것들뿐이었습니다.

아이 넷을 둔 젊은 가장家長에게 산다는 것은 의무였습니다. 주변의 권유로, 귀신을 보고 쫓는다는 대형교회의 목사에게 안수기도도 받고 더 큰 교회의 기도원에서 금식 기도도 해보았습니다. 많은 사람들이 종교에 구원이 있다기에 더 열심히 공부하려고 《성경》을 연거푸 정독했습니다. 그런데 나는 거기에서 요구하는 '믿음'의 벽을 결코 넘어설 수가 없었습니다. 그것은 나의 모자람이면서 양심이었습니다. 결코 납득할 수 없고 체험되지 않는 것을 거짓으로 고백할 수는 없었습니다.

성도들은 집으로 찾아와 여러 의무사항을 강조하기 시작했고, 내가 종손이라 제사를 지내다보니 잡귀가 득실거린다며 신위들을 불살라 버리라고도 했습니다. 나는 좀더 살기 위해, 생소한 세계를 기웃거리며 떠밀려 다니고 있었습니다. 이렇게 몇 년을 더 살겠다고 억지를 쓰던 나는 문득 나의 내면이 오히려 삭정이처럼 메말라 있음을 깨달았습니다. '길이 아니면 되돌아가는 것이 순리'라는 생각에 이르렀지요.

이러한 과정을 통해 내가 얻은 것은 나를 구하고 다스리는 것은 오직 나 자신뿐이라는 너무나 당연한 결론이었습니다. 외부에 있는 절대자의 권능도 결국은 자기 혁신의 지렛대일 뿐이고, 모든 것은 스스로 짊어지고 해결해야 하는 것입니다. 육신이 음식과 약으로 다스려진다고, 영혼까지 무슨 사상이나 종교로 윤택해지는 것이 아니었습니다.

나는 그때부터 조용히 스스로를 관찰하고 공부하기 시작했습니다. 공부라고 해봤자 혼자 책을 읽는 정도였습니다만 역사, 문화, 철학, 종교, 과학, 시, 교양과 자기계발, 명상에 이르기까지 연간 100권 이상씩 읽은 것 같습니다. 그 몇 년 동안 마음 안에 구름이 일고 비가 내리고 강이 흐르는 생동감을 맛보았습니다. 라즈니쉬, 크리슈나무르티의 명상 설법과 불교의 《금강경》을 접하면서, 생각하는 방법과 크기에 대해 강렬한 자극을 받았습니다. 특히 불교에 대해서는 형식적인 경배나 의식, 기복祈福의 이면에 있는 그 옛날 붓다의 진정한 깨달음, 그 원류로 거슬러 올라가보고 싶었습니다. 그리고 마침내 그것을 종교로 받아들이게 되었습니다.

나는 내 안의 변화와 선택의 결과를 이렇게 말할 수 있습니다. 예전 젊은 날의 나보다 훨씬 열린 사람이 됐다는 것, 무엇이든 받을 때보다는 베풀 때 즐겁다는 것, 입으로 짓는 죄가 얼마나 큰가를 절실히 알게 됐다는 것 그리고 죽음에 대한 수용의 폭이 커졌다는 것입니다. 자녀들의 성공, 경제적 안정 같은 것은 오히려 곁가지였습니다. 자신에 대한 성찰과 혁신을 통해 얻어내는 자기에 대한 믿음, 홀로 담대하게 살 수 있는 용기가 가장 소중한 수확이었습니다.

• • •

말을 마치자 50명의 청중은 진심으로 따뜻한 박수를 보내주었다. 여느 때와 다름없이 말이다.

가는 길에 잠시 들른 홍천 휴게소에서, 이날 처음 우리와 동행한 한 여인이 말을 걸어왔다. 그는 캐나다에 살고 있는 교포인데, 십수 년 전 한국에서 절을 다니다 이민 후엔 현지 교회를 다닌다고 했다. 오랜만에 고국에 와서 여기저기 가고 싶은 곳이 많아 언니를 졸랐더니, 그 언니가 "대한민국에서 가볼 만한 곳은 딱 한 군데"라며 오늘 이 버스여행으로 데려왔다고 한다. 그 언니 되는 분은 2002년 우리 부부가 일본 여행 때 만나 길동무가 된 후로, 우리와 항상 동행하는 가톨릭 신자다. 해외여행을 무척 많이 했다는 그는 이렇게 얘기했다.

"아무리 다녀봐도 우리나라가 제일 좋아요. 우리의 역사와 문화가 깃든 산천이 그렇게 정겹고 중요한 것을, 외국을 다 다녀본 뒤에야 깨닫게 되더군요."

여행은 넓이나 신기함으로 보지 말고 깊이와 애정으로 보아야 한다. 여행을 많이 하다보면 그리 되게 마련이다. 역마직성이 있어 방황하던 사람도 종당에는 고향으로 찾아들어 눌러앉는 경우가 허다하다. 여행은 궁극적으로는 자기를 발견하는 과정이다.

백담사 설법전에서 주지스님이 비디오 영상물을 하나 틀어주어서 우리끼리 단출한 자축연을 열었다. 작은 시루에 담아온 떡을 자르고, 김천만 씨 등 네 분이 그간의 소감을 글로 적어 나에게 건네주었다. 총무 부인인 이동희 보살은 뜻밖에도 회장 노릇하느라 고생했다며 우리 부부에게 개량한복 한 벌씩을 선물해주었다. 모두 지켜보는 가운데 펼쳐 입어보았더니 윤기가 자르르 흐르고 색도 고운데, 몸에 꼭 맞았다.

맞춤처럼 골라온 눈썰미와 정성이 정말 고마웠다. 나는 길동무들에게 큰절 한 번을 하는 것으로 답례를 대신했다. 내가 당초 임기 2년의 회장 자리를 무한정 꿰차고 있으면서 매번 마이크를 잡고 법문을 하는 것은 특별한 능력이 있어 그런 게 아니다. 사실은 도반 모두가 나의 스승이고 버팀목이었다. 언제나 내가 더 배우고 간다.

백담사는 오현 스님이 회주로 계신다. 여섯 살 때 소 키우는 머슴으로 절간에 들어가 살다 그대로 눌러앉아 세수 76세가 된 분이다. 곡차를 즐기고 바람처럼 걸림 없이 사는 분이라고 한다. 작년에 시집도 내셨다. 몇 차례 주지스님을 통해 법문을 부탁했지만, 마침 스님들이 모두 하안거에 들어 그랬는지 감감무소식이었다. 나는 대신 스님의 시 하나를 읊어 법문을 대신했다.

> 하루라는 오늘
>
> 오늘이라는 이 하루에
>
> 뜨는 해도 다 보고
>
> 지는 해도 다 보았다고
>
> 더이상 볼 것 없다고
>
> 알 까고 죽은 하루살이 떼
>
> 죽을 때가 지났는데도 나는 살아 있지만
>
> 그 어느 날 하루도 산 것 같지 않고 보면
>
> 천년을 산다 해도

성자는

아득한 하루살이 때

백담사에는 만해 한용운 스님의 기념관이 있다. 그의 시 〈님의 침
묵〉이 입가에 맴돌았다. 그는 독립 유공자가 영면하는 국립현충원이
아닌, 망우리 공동묘지에 잠들어 있다. 절 앞의 민가 인근에 만해마을
이 조성되고 매년 문학상을 수여하며 그의 업적을 기린다. 기념관을
돌아보다 액자에 걸려 있는 시 한 편을 읽고 또 읽었다.

心은 心이니라

心만이 心이 아니라 非心도 心이니

心 외에는 何物도 無하니라

生도 心이고 死도 心이니라

(…)

心은 何時라도 何事何物에라도

心 자체뿐이니라

心은 절대적 자유이며 만능이니라

나는 돌아오는 차 안에서 이 '心'이라는 시를 낭독했다. 오늘 백담
사를 다녀가는 마무리, 지난 100번의 하루출가의 결론, 한 생을 다 살
아본 끝자락에서 당도하는 한 마디는 결국 '마음' 하나일 것이다.

이삭을 줍다

지금

지금
살아 있지 않은 사람들은 불쌍타.
이 찬란한 햇빛을 보지 못하고
싱그러운 바람의 향기를 모른다.
아름다운 소리를 듣지 못하고
맛난 음식도 먹지 못한다.
여정旅程의 설렘도 없고
애틋한 사랑도 없을 것이다.
요절한 사람은 더욱 불쌍타.
시집장가도 못 가보고

새끼들 재롱 보는 재미도 몰랐으니
살아보았어도 제대로 산 것이 아니다.
되돌아오지 못하는 사람들도
모두 제각기 지금을 살다가 갔지만
말할 수 있는 지금은 지금의 지금뿐이다.
그래서 지금
살고 있는 자들은 안도하며 교만하다.
지금이 까마득히 길고
세상을 다 가진 듯 여긴다.
그들은
가버린 자들을 모두 이겼고
올 자들을 앞섰다고 생각한다.
건강, 돈, 권세에 매달리는 것은
더 오랜 지금을 누리려는 아우성이다.
그러나
살고 있는 지금의 사람들도 불쌍타.
아프고 불안하고 고독하다.
고통과 슬픔, 분노와 좌절이 늘 곁에 있다.
쉬지 않고 숨차게 시간이 가고
언젠가는 반드시 죽어야 한다는,
그래서 지금도 마침내는 사라질 것이라는
허무와 절망이 저주처럼 덮친다.

지나간 지금을 산 사람이나
지금의 지금을 사는 사람이나
다가올 지금을 살아갈 사람이나
모두 불쌍키는 마찬가지다.
어디서 왔다가 어디로 가는지를
모르기도 마찬가지다.
지금이란 환상일 뿐이다.
이것을 일러 공空이라고 하던가.

추억

중학교 다니던 때
뜸도 덜 든 새벽밥 서둘러 먹고
산 넘고 내를 건너 논두렁 밭두렁을 휘돌아가며
20리 길을 멀다 않고 걸었다.
책보는 허리에 동여매고 손에는 영어 단어장
인적 없는 고갯길엔 솔바람이 한숨처럼 슬프고
산새들이 오히려 사람을 희롱했다.
발 딛는 곳마다 벌레들이 놀랐고
신작로에 들어서면 행여 지각할까 지레 뛰었다.
딸그락 딸그락
필통 소리 숨 가쁘게 발꿈치를 따라오고

쑥베 바지에는 스친 이슬이 흥건하고
황토길 흙들이 가랑이로 따라왔다.

늦은 하교 때 서산에 뉘엿한 해는
고개 두 개도 넘기 전에 숨어버리고
어둠은 허둥대며 길로 내려앉았다.
초저녁 바람은 찬 것과 더운 것이 덜 비벼져서
무언가가 얼굴을 더듬는 것 같다.
성황당 고개를 지날 때쯤은 언제나 깜깜해서
숨을 죽여 별빛으로 길을 헤아린다.
밤길에는 누군가가 바짝 뒤따라오는 듯해
제 발자국 소리에 알면서도 놀란다.

비 오는 날에는 삿갓을 쓰고
추운 날에는 손발이 꽁꽁 언 채로
봄, 여름, 가을, 겨울,
같은 길을 그렇게 걸었다.
뒤돌아보면
그때만큼 행복했던 시절이 또 있었을까.

어떤 친구

고향 이웃마을에 살던
동갑내기 친구 석구는
걸어다니는 것이 넘어질 듯 위태했다.
남의 말귀도 잘 알아듣지 못했고
아무 데서나 헤실헤실 웃기만 할 뿐
더 작은 녀석들이 집적대도
비실비실 피하기만 하다 매냥 맞아주었다.
운동도 못하고 공부도 못해서
짓궂은 놈들의 노리개였고
아무도 친구해주지 않았다.
항상 말이 없던 그는
국민학교를 조금만 다니다 말고
제 조부에게서 한문을 배웠다.
다른 재주도 없고 영악하지도 못해
환갑이 지난 여태껏 부모님 밑에서 농사를 거드는데
아직도 아침마다 부모님 전에 문안드리고
매일 글을 읽는다 한다.
《명심보감》에서 배운 대로 살고
《논어》의 문자도 가끔 써먹는다.
아직까지 그와 싸워본 사람이 없고

그로 인해 마음 상했던 사람도 없다.
개울의 피라미도 제 손으로 잡지 않고
잠자리 한 마리도 일부러 죽이지 않았다.
농촌에 오래 산 친구들일수록
객지에서 찾아간 사람들한테 더
기죽지 않으려고 뻣뻣한데
이 친구는
이쪽에서 먼저 반갑다는 내색을 안 해도
제가 먼저 달려와 두 손 내밀고 잡고선
어른들 안부를 두루 묻는다.
평생을 웃기만 해서
입은 언제나 벌린 채,
눈은 가늘어지다 못해 감겨버렸다.
그래서 웃음이 그대로 주름이 되었다.
그의 아내는 어질고 착하며
두 아들도 영특하고 효자란다.
기르는 가축마다 잘도 자라고
과일나무도 해마다 풍성하단다.
부족하고 불안한 것이 없어서
언제나 웃고만 있었던 그를
우리들은 옛날에 바보라고 놀렸다.
한 번 어린이로 태어나서

그대로 어린이로 늙었으니
그는 처음부터 완성이었다.

얼마 전 집안 어른 장례에서 그를 만났더니
바쁘고 힘들다며 허둥대고 살아온
나의 한 갑자 세월이 새삼 부끄러웠다.
너무 선해서 모자란 듯 완성된
표정을 읽었고 와락 그가 좋아졌다.
그토록 사모해 찾던
진실로 착한 사람 하나가 거기에 있었다.

단상

① 이삭
이삭은 거두지 못한 것이 아니다.
약탈을 벗어난 행운이고
나는 새와 들짐승의 축복이다.
그것들에게도 들키지 않은 것은
다음 생명을 위한 당찬 약속이다.
이삭을 다 줍지 않는 것은
살아야 할 것들에 대한 넉넉한 자비다.

② 산이 흘러간다
비가 억수로 쏟아지는 날
천불동 계곡 출렁다리에 섰다.
쏟아져 내리는 물을 마주했다.
바위와 산이 물살을 가르며
뒷걸음치면서 흘러가고 있었다.
누가 물이 흘러간다고 했던가.

③ 끝내 말을 않네
갓난 손주녀석이 방긋 웃는데
일년 전 그 전에는 어디 있었을까.
그것이 진정 궁금하여
내가 물어보았다.
너 어디서 왔니?
녀석은 그냥 웃기만 하고 딴청이다.
내가 세월의 뒤안으로 까마득히 밀린다.

④ 개미
어릴 적 살던 고향마을
못골로 넘어가는 작은 고개엔
왕개미들이 많이 살았다.
꼬챙이로 굴을 파헤치며 살펴보던 것들이

지금도 살아서 바삐 다닌다.

개미는 참 오래도 산다.

⑤ **장수**長壽

88세 된 노모가 혼자서

내과병원에서 위 내시경 검사를 받았다.

왜 받았어요?

속이 좀 안 좋은 것 같아서.

어떻대요?

거긴 괜찮대. 그런데 다른 데가 나쁘대.

어디가요?

심장이 약하다나봐.

약 줘요?

약이 없대. 왜 약도 안 주는지 몰라.

한 10년쯤 더 있으면 그 약 나올 거예요.

암! 그렇겠지!

⑥ **망각**

친구 자녀 결혼식장에서

웬 낯선 사내가 다가와 악수를 청한다.

야! 오랜만이다. 이게 얼마만인가?

그래 오랜만이다. 잘 지냈어?

같이 손을 잡고 흔들었는데
그 녀석이 누군지 도무지 모르겠다.
고등학교 친군가 군대 동긴가
죽어도 생각이 안 난다.
더 말을 걸어올까 겁나서 다른 데로 갔다.

⑦ 문병

마흔 살 조카사위가 입원을 했다고
팔순 노파가 문병을 갔다.
그래 어디가 왜 아파?
꼬치꼬치 묻는다. 그게 궁금한 게다.
자기가 그 병이 아님을 확인하고는
한의원에서 십전대보탕 한 재 짓고
걷는 것이 건강에 좋다며
제법 먼 지하철 역으로 종종종 달려간다.
한 50년은 더 살 것 같은지
신이 났다, 신이 났어.

10년 간의 하루출가

첫판 1쇄 펴낸날 2009년 4월 24일
첫판 2쇄 펴낸날 2009년 5월 2일

지은이 | 정석희
펴낸이 | 지평님
기획 · 마케팅 | 김재균
기획 · 편집 | 김정희
본문 조판 | 성인기획 (02)360-4567
필름 출력 | 삼화전산 (02)2263-2651
종이 공급 | 화인페이퍼 (031)955-0135
인쇄 · 제본 | 한영문화사 (031)903-1101

펴낸곳 | 황소자리 출판사
출판등록 | 2003년 7월 4일 제2003-123호
주소 | 서울시 종로구 누상동 10 웰빙하우스 101호 (110-041)
대표전화 | (02)720-7542 팩시밀리 (02)723-5467
E-mail: candide1968@hanmail.net

ISBN 978-89-91508-55-2 03220

*잘못된 책은 교환해드립니다.
*이 책의 반품 기한은 2012년 5월 1일까지입니다.